MADE IN EUROPE

Erwan Larher

MARGUERITE N'AIME PAS SES FESSES

Quidam éditeur

Marguerite n'aime pas ses fesses

ISBN : 978-2-915018-99-8 / ISSN : 1779-7888
Dépôt légal avril 2016.

Conception graphique de couverture : Hugues Vollant.
Le logo est de Mœbius que nous remercions de sa générosité spontanée.

www.quidamediteur.com
Diffusion-distribution : Harmonia Mundi

Marguerite n'aime pas ses fesses.

Elle fronce les sourcils. Ce que le français peut être imprécis, parfois! Ces fesses que Marguerite n'aime pas pourraient être celles de n'importe qui. Si elle écrivait un roman, ce qui ne risque pas d'arriver (elle écrit mal et n'a rien d'intéressant à dire), il ne débuterait pas ainsi. Cette phrase-seuil sème la confusion. Elle choisirait plutôt un incipit *in media res* — croit-elle se souvenir, ses cours de construction narrative écaillés par l'inusage. Et puis le français n'incite-t-il pas au coulis narcissique de la première personne du singulier? Je n'aime pas mes fesses, voilà qui est clair.

Marguerite n'aime pas ses propres fesses.

Bof... Outre d'étirer l'affirmation de penta- à heptasyllabes, et d'alourdir le propos, la phrase filigrane un « au contraire », une comparaison, esquisse des fesses que, par opposition aux siennes, Marguerite aimerait (celles de Jonas?). Ou donne une nuance outrée à l'assertion: non mais tu te rends compte, elle n'aime *même pas* ses propres fesses !

Elle pouffe devant son reflet d'héroïne liminaire dans la psyché de la salle de bains, s'étonne du succès de son roman, commence à répondre à des interviews sur ses fesses — désormais, chacun sait que Marguerite Santa Lucia n'aime pas ses fesses. Les siennes. Ses fesses à elle. Son cul trop plat qui sépare à peine les cuisses du bas du dos. Un journaliste l'interroge : Et les fesses de Jonas, les aimez-vous ? Jonas, son mec depuis six ans, est de taille moyenne, approche les trente-cinq ans (il s'en angoisse), perd ses cheveux (il s'en angoisse), dort en ce moment même, tandis qu'elle crème sa peau trop sèche, dans la chambre (ils vivent ensemble). Aime-t-elle les fesses de Jonas ? Elle n'en sait rien. C'est la première fois qu'elle se pose cette question. À cause du début hypothétique d'un roman qu'elle n'écrira jamais (elle est trop nulle).

Marguerite congédie la presse et saisit une culotte. Confortable, en coton. Très peu pour elle la lingerie fine, elle n'a pas le cul pour ; et comme Jonas s'en moque… Le triangle de ses poils est régulier, isocèle à vue de nez. Rien ne déborde ni vers l'intérieur des cuisses ni en ru sombre vers le nombril. Elle ne s'épile, ne se rase ni ne taille. Elle a mignoté son entrejambe, autrefois. Pour faire comme les autres, parce qu'elle trouvait comme tout le monde (ses copines, les magazines et sa mère) que les poils, c'est dégoûtant. Son père était imberbe à en croire les quelques photos de lui torse nu qu'elle a vues. Elle n'a pas duré longtemps, sa période « ticket de métro ». Et comme Jonas ne la touche pas… Si elle était jolie, ça se saurait.

Il n'y a pas que les fesses qu'elle n'aime pas chez elle. Chez *elle-même ?* Décidément, si elle était une héroïne d'autofiction francophone, il faudrait opter pour la première personne du singulier. Il n'y a pas que les fesses que je n'aime pas chez moi. Celles de Jonas ne sont-elles pas un peu flasques ? Les siennes ne sont pas flasques — bon sang ! Les siennes *à elle* ne sont pas flasques. Juste pas assez rebondies à son goût. Si on anglicisait cela, on comprendrait tout de suite : *Her bum is not flappy but not round enough.*

Marguerite does not like her bum.

Certes, il pourrait être question du *bum* d'une autre femme, mais l'anglais aurait le mérite d'éliminer d'entrée les mâles fessiers. L'héroïne du roman serait lesbienne. Dans son lit dormirait une petite blonde à cheveux courts rencontrée la veille à un cocktail, folie d'un soir, piercings aux tétons et cul flasque. *Marguerite does not like the girl's flappy bum* (la petite blonde aurait pu être australienne).

Elle ne rêve pas d'une fille dans son lit. Dans son lit dort Jonas et son cul indéfinissable, le cul du père de ses futurs enfants. Marguerite n'a jamais dragué dans les soirées. Ses fesses la complexent mais aussi son nez, ses pieds (les plus moches du monde) et ses poignets, qu'elle trouve trop gros pour une fille. Elle n'est pas lesbienne mais en retard, dernier coup d'œil au miroir maintenant qu'elle est habillée, décidément elle n'aime pas son cul, le sien, son cul à elle, Marguerite n'aime pas le cul de Marguerite, qu'est-ce qui lui a pris d'enfiler cette jupe ? On ne voit que l'absence de rebondi de ce cul, l'inexistence de ce cul. Cette jupe fait vraiment fille en retard mais d'une saison au moins, sûr qu'on doit en vendre des copies *low cost made in Asia* dans les grandes enseignes qui se contentent de suivre, de loin et à peu près, la mode. Car elle a beau être nulle dans plein de domaines, des fesses à l'écriture, Marguerite met un point d'honneur à se montrer d'une élégance discrète et parfaitement synchro avec les tendances les plus pointues. Héritage maternel qu'elle n'a jamais réussi à bazarder — sa mère s'est bien gardée de lui transmettre les gènes de son cul qui, malgré son âge respectable (Billie préférerait perdre un bras que d'avouer qu'elle a plus de 65 ans), fait encore illusion auprès de ses nombreux prétendants (qu'en pensent ses amants ?).

Le vieux chez qui elle se rend ce matin ne remarquera pas, dans son immuable costume en tergal bleu marine, que cette jupe, juste sous le genou, en velours, n'est plus *trendy* (« Bah oui, le velours, c'est *dead* », Marguerite entend déjà la voix de Sidonie), alors que deux ans auparavant elle était d'avant-garde (« Trop classe, le retour du velours ! »). Il ne remarquera pas la jupe, papy, mais t'inquiète qu'il sait à quoi s'en tenir sur le cul de sa visiteuse. Il a encore l'œil gourmand, évaluateur, avec retenue, rien de concupiscent ni de déplacé, il mate de manière presque galante pépère, savoir-vivre *old school.*

Marguerite prend un selfie étêté de son reflet dans le miroir pour montrer sa tenue, le poste sur Facebook et tape en guise de commentaire : « En retard, et pas que d'une saison. »

Pourquoi n'a-t-elle pas d'avis sur le cul de son mec ? Si elle participait à un jeu télévisé dans lequel il faudrait, à l'aveugle et au toucher, reconnaître les fesses de Jonas parmi quatre ou cinq paires, sûr qu'elle se planterait. Et lui ? Ils font tellement peu l'amour qu'il a dû oublier son non-cul. Il ne se couche jamais avant quatre ou cinq heures du matin, après avoir passé la nuit face à ses écrans. Lorsqu'il se lève, son premier réflexe est d'allumer ses ordinateurs. Jonas et elle ne sortent plus. « Tu ne crois pas qu'il y a des problèmes un peu plus importants que ton cul ? s'agacerait-il. Je sais pas, tiens, au hasard, la guerre civile en Ukraine. » Son mec excelle à relativiser les angoisses des autres. Et ce n'est pas parce qu'on peut certainement en trouver, après quelques sommaires recherches, de plus importants que son cul plat n'est pas un problème.

— Pauvre petite princesse trop gâtée.

C'est un peu plus complexe que cela, Jonas. Il est 08h28, elle est vraiment en retard.

Et en avance, mais là elle n'y est pour rien, la faute à l'incipit. Une petite analepse lui permettrait, outre de s'assurer qu'elle a retenu un autre concept de son passage (morose) à l'université, de ne pas perdre le fil, ou de ne pas le faire perdre, même si elle aurait le sentiment d'un abus de pouvoir, héroïne ou pas, en décrétant à présent qu'il n'est pas 08h29.

Qu'elle les aime ou pas, il va falloir qu'elle se les bouge, les fesses.

Tout a commencé dans les locaux des Éditions Paulin, qui sollicitent Marguerite de temps à autre en free-lance pour rédiger des quatrièmes de couverture ou des présentations d'ouvrages destinées aux journalistes et aux commerciaux. Elle est fiable, rend toujours ses textes à temps et ne discute jamais la chiche rémunération qu'on lui propose. « Ils t'exploitent, ne cesse de lui répéter Jonas. Ils ne te refilent que les boulots pourris. T'es vraiment une bonne poire. » Il a sans doute raison. Elle ne sait pas négocier. Pour se vendre, il faut se trouver quelque valeur. Et elle a peur qu'ils ne fassent plus appel à ses services si elle pinaille sur les appointements. Mieux vaut tenir que courir. « Bonne poire » : elle a du mal à trouver l'expression négative, d'autant que c'est la première fois que Jonas la trouve bonne.

— Mais c'est quoi, alors, ton travail ?

— Une sorte de secrétaire, maman.

— Secrétaire ?! s'est exclamée Billie. Ma fille est *secrétaire ?!!*

— Oui, bon, pas tout à fait. Et puis il n'y a pas de honte à être secrétaire.

— Un peu, quand même. Avec les études que je t'ai payées !

— Ne réécris pas l'histoire, a soupiré Marguerite. J'étais en fac. Et je faisais des petits boulots.

— Oh, je t'en prie, ne chipote pas ! Secrétaire, c'est vraiment pas jojo !

Marguerite n'a pas insisté. Considérant que sa mère portait un chemisier à jabot, une jupe courte déstructurée en cuir et dentelles, des boots en daim, « pas jojo » sonnait comme un jugement assez clément, non ? Billie n'a jamais travaillé de sa vie, ses amants ont toujours tout payé. Sa maison de Neuilly lui a été donnée par son premier mari après leur divorce, un homme d'affaires, dixit sa mère (donc rien n'est moins sûr), dont Marguerite ignore tout, qu'elle n'a jamais rencontré.

— Tu ne perds rien, Margot, c'était un vrai con !

Billie est maîtresse dans l'art d'éluder son passé (« Je vis l'instant, chérie ! »). Marguerite ne sait rien non plus des revenus qui lui permettent d'entretenir son fastueux train de vie.

— Plus jeune, j'ai très bien gagné ma vie. Aux États-Unis. Et j'ai effectué quelques placements. Mais qu'est-ce que ça peut bien te faire ?

Comme sa mère ne s'intéresse pas aux autres, elle ne comprend pas qu'on s'intéresse à elle ; sauf au présent — si elle n'est pas le centre de l'attention, elle s'ennuie.

— Les gens, on en fait vite le tour. Quand quelqu'un t'a raconté trois fois son premier baiser, deux fois ses vacances au Brésil, t'a bassinée durant tout un dîner avec sa conception de la vie, *what else ?* Il n'y a plus de surprise. Tu t'emmerdes. Voilà pourquoi il faut changer d'amis, d'amants. Bouger.

Un comble, ces mots dans la bouche de Billie, elle qui y va toujours des mêmes anecdotes, balance toujours les mêmes blagues. Mais à des gens différents. Qui, invariablement, la trouvent « géniale ». Le mouvement perpétuel comme stratégie de survie ?

— Non mais secrétaire, Margot, merde ! Moi je n'ai jamais fait d'études. J'aurais aimé, pourtant. (Marguerite a levé les yeux au ciel.) J'étais forte à l'école. Mais ton grand-père voulait que je travaille au magasin. Ça ne m'a pas empêchée de devenir photographe !

La bonne blague ! Marguerite connaît par cœur l'histoire de Billie-la-grande-photographe, dans toutes ses variantes, y compris la plus baroque, celle qui la voit victime de la fourberie d'Ellen von Unwerth. Pourtant une super copine alors. Elle m'adorait. Je lui avais appris pas mal de choses sur la lumière. C'était l'époque de l'argentique. Les boîtiers automatiques n'existaient pas. Aujourd'hui, ce sont les appareils qui prennent les photos, pas les artistes. C'est pour ça que j'ai laissé tomber. Bref, j'avais un shooting avec une jeune inconnue que j'avais repérée. La veille, Ellen et moi, on a fait une bringue d'enfer. On s'est couchées à pas d'heure, parce qu'on s'est retrouvées avec... je crois que c'était Mick et Keith, qui enregistraient à Berlin (variante : Clint, qui était sur un tournage). Je vous passe les détails, toujours est-il que je ne me suis pas réveillée. Mais cette salope d'Ellen avait compris que ma modèle avait un truc. J'ai un flair pas possible pour repérer les talents, elle le savait. Alors elle est allée au rendez-vous à ma place. Parfois, je me demande si elle n'avait pas mis un truc dans mon verre. Bon, Keith (variante : Clint) ne s'en est pas plaint, hein... Ellen a donc fait à ma place le premier shooting de Claudia. (Une pause. Sourire modeste.) Claudia Schiffer (exclamations de la tablée, sauf pour qui connaît déjà l'histoire et se sent un peu complice, privilégié, vous allez voir ce que vous allez voir, comme si la mésaventure était la leur, aucun ne relevant que Clint (variante : Keith) était devenu Keith (variante : Clint)). En réalité, sa mère a pris un jour des photos de son jules de l'époque, un comédien égérie publicitaire d'une marque de montres un peu *cheap*. Elle a dû tellement le tanner que ledit jules a insisté pour qu'un des clichés de la série soit choisi pour la campagne de publicité à venir. Ensuite, un de leurs amis communs a eu la gentillesse (Billie sait se montrer persuasive) d'exposer quelques tirages dans sa galerie. Voilà comment sa mère est devenue photographe à ses propres yeux. Elle se targue de parutions internationales et d'articles élogieux dans les plus grands magazines spécialisés. Impossible à vérifier, bien sûr : elle « ne garde rien », ne vit « pas dans le passé », et puis « il n'y avait pas Internet à l'époque. N'empêche que j'étais hyper demandée. »

Pas comme sa secrétaire de fille, obligée, le jour où tout à commencé, de se déplacer jusqu'au siège des Éditions Paulin pour récupérer un ouvrage qu'elle devait résumer (« Ils pourraient te l'envoyer par coursier, non ? avait grommelé Jonas. Ils te méprisent »). La première fois qu'elle s'y est rendue, Marguerite a été vaguement déçue. Non parce que les locaux ne se situent pas à Saint-Germain-des-Prés, ni parce qu'ils ne sont qu'un étage dans un immeuble 70's de bureaux, mais parce que tout y est laid. Et impersonnel. De frêles cloisons vitrées délimitent les espaces de travail, parfois minuscules, dont aucune fenêtre ne s'ouvre. Elle lit pas mal de littérature française contemporaine, aussi trouve-t-elle ce détail symptomatique.

Derrière les cloisons, les gens ont l'air de salariés au bureau. Autre motif de déception. Dans sa vie rêvée (qui a la décence de ne point trop empiéter sur son quotidien), et même si elle n'a jamais effectué aucune démarche en ce sens, Marguerite bénéficie d'un CDI dans l'édition ; mais dans sa vie (de moins en moins) rêvée, ce secteur d'activité recense des maisons et non des entreprises, des collaborateurs et non des employés, et on n'y travaille pas éclairé au néon sur de la moquette bleu pâle. Un parquet en chêne point de Hongrie lui semble le minimum pour éditer de bons romans.

Qu'est-ce que ces filles ont de plus qu'elle pour jouir ainsi d'un bocal blafard huit heures par jour ? On y exerce quels métiers ? Quand elle est de passage, on ne la présente jamais à personne. « Je te laisse le paquet à l'accueil », lui dit la plupart du temps la jeune blonde qui la fait travailler (affublée d'un prénom improbable que Marguerite confond toujours avec un autre, un truc composé, ou qui sonne comme, Anne-Christine ou Christiane, ou Anne-Marie, ou Marianne). Jamais un déjeuner ni même un café ensemble. Elle est habituée : à part des amies de longue date, personne n'a envie de déjeuner avec elle. Elle ne sait même pas le poste exact du prénom composé (Catherine-Anne ?), juste qu'elle officie au service marketing. Marguerite ignore ce que recouvre vraiment cet anglicisme (on devrait dire « mercatique ») mais n'en laisse rien paraître en société.

Le jour où tout a commencé (et par lequel il aurait fallu commencer ?), Lise-Marie (Maryline ?) lui avait presque donné rendez-vous (« Passe vers onze heures ») : elle voulait lui expliquer quelque chose de vive voix. Marguerite poireauta quinze minutes à l'accueil parce qu'Anne-Cécile (ouiii, c'est ça, Anne-Cécile !) n'était pas dans son bureau. Puis elle reçut enfin le feu vert de l'acariâtre réceptionniste (un homme, sans doute égratigné dans sa virilité par le nombre d'Anne-Cécile mieux payées que lui) pour se rendre « au fond du couloir, droite, droite, bureau de gauche » (elle savait). Court trajet durant lequel Marguerite vit venir vers elle Aymeric Delaroche de Montjoie.

L'ancien président de la République était en compagnie

du PDG et de la directrice éditoriale, également responsable de la collection Temps Présent, Martha Vignal, que Marguerite surnommait à part soi La Hyène. Elle fut étonnée par la haute stature de Delaroche — un peu voûtée, certes — et son allure racornie. Les deux huiles de Paulin ne répondirent pas à son timide bonjour : pour eux, elle n'existait pas plus que la fontaine à eau à côté de laquelle elle s'était arrêtée pour leur céder le passage. Le chef pelé et ellipsoïdal de Delaroche pivota sur son cou de héron. Son regard, étonnamment sémillant dans ce visage parchemineux, se posa sur elle et y demeura jusqu'à ce que la souplesse cervicale du vieillard atteignît sa limite rotative. Jamais homme ne l'avait ainsi guignée. Séquence d'autant plus impressionnante que l'Ex, qui ne marchait déjà pas bien vite, avait ralenti le pas. Marguerite essaya de visualiser le tube de la crème qu'elle s'était appliquée sur le visage le matin même. Avait-elle par mégarde utilisé l'autobronzant ?

Elle était rentrée chez elle depuis une heure quand elle reçut un appel de l'assistante de La Hyène : on voulait la voir au plus tôt. Marguerite toqua à la porte du bureau de Jonas. Un « quoi ? » hargneux traversa le panneau. Elle expliqua qu'elle retournait aux éditions. Silence. Elle aurait bien aimé partager sa légère angoisse (ça se fait, dans un couple, non ?), dire à son mec combien La Hyène lui fait peur. De son sourire à ses bijoux, tout chez cette femme d'une cinquantaine d'années sonne faux et méchant.

Après avoir proposé à Marguerite de s'asseoir, et un café, La Hyène lui servit un baratin sur son rôle important, même si dans l'ombre, au sein des Éditions Paulin, une grande famille, comme l'avait voulu au siècle précédent le fondateur, Gabriel Paulin. Marguerite ne se faisait aucune illusion : la veille encore, l'éditrice ne connaissait pas son nom. Et pour une mystérieuse raison, elle lui proposait d'aider Aymeric Delaroche de Montjoie à rédiger ses mémoires.

— Delaroche ? DDM ? gronda Jonas quand elle lui apprit la nouvelle (une clause de confidentialité ne s'applique pas à son propre conjoint, si ?). Tu as refusé, j'espère !

— Heu… Non, je

— Mais enfin, Marge, c'est une crevure, ce type ! Un salaud de libéral de droite !

— Il est centriste.

— Tu le fais exprès ou quoi ? T'y connais rien à la politique, en plus. Ça ne t'intéresse pas.

Un reproche entre les lèvres de Jonas, qui se pique d'être citoyen — un des mots d'au moins trois syllabes les plus usités de son vocabulaire, avec « humanisme ». De fait, la politique rase Marguerite, ce qui ne fait pas d'elle un monstre, pense-t-elle. Elle vote lors de l'élection présidentielle, parce que les mois et les semaines qui la précèdent grésillent d'excitation, on ne parle que de ça, c'est rigolo.

— Tu dis toujours que je n'ai pas assez d'ambition, que je suis juste bonne à résumer les bouquins. Là, je vais en coécrire un.

— La biographie d'un facho, super ! T'aurais pu me consulter avant d'accepter !

— Te consulter ? Pourquoi ?

— Je suis ton mec, quand même ! Je suis concerné. Je suis très à gauche, au cas où ça t'aurait échappé. Tu t'es demandé si j'avais envie de voir le nom de ma meuf accolé à celui d'Aymeric Delaroche ? Ça peut être mauvais pour mon business, merde !

Le business de Jonas se limite à scribouiller quelques critiques de jeux vidéo pour des sites Internet, en attendant de terminer le développement de *PulsionS*, le jeu ré-vo-lu-tion-naire qu'il conçoit depuis… depuis que Marguerite le connaît, en fait. Six ans. Elle n'a pas pensé à son mec très à gauche quand elle s'est retrouvée face à La Hyène, une boule au ventre, l'écoutant affecter de lui proposer, magnanime, la chance de sa vie.

—T'as demandé du droit d'auteur, au moins?

Comment répondre à Jonas qu'elle n'a pas osé?

—Tu te fais toujours avoir, ma pauvre fille! Il va en vendre des wagons et toi, tu ne toucheras pas un fifrelin.

Elle se voit avec un corps en forme de poire, comme dans une pub pour un jus de fruit. Elle aurait voulu l'y voir! La Hyène est tellement sûre d'elle, tellement c'est-comme-ça-et-pas-autrement sous ses airs gentils et complices. («Je suis certaine que vous ferez du bon boulot. J'ai confiance en vous.») Aujourd'hui, Marguerite sait que Delaroche a exigé que ce soit elle et personne d'autre, qu'il a mis la signature de son contrat avec Paulin dans la balance, qu'il a exigé qu'elle n'ait de comptes à rendre qu'à lui ; alors elle se dit qu'elle aurait dû négocier avec La Hyène. Trop tard…

—Pourquoi moi, monsieur le Président?

—Je vous ai déjà dit de m'appeler Aymeric. Je ne sais pas, pourquoi vous. Je… Je crois que c'est une réminiscence. Quand on vieillit, on devient sensible à ce genre de signes, que l'arrogante fatuité de la jeunesse nous faisait négliger. À moins que la peau, en se détendant, laisse passer plus des vibrations du monde, ajoute-t-il en souriant.

Pourquoi elle? Quand il l'a croisée chez Paulin, alors qu'il avait accepté un rendez-vous juste pour le gueuleton (au *Relais Louis XIII,* il ne se déplace pas à moins de deux étoiles), préalable à la proposition de contrat que Martha Vignal n'allait pas manquer de lui soumettre —et qu'il avait l'intention de refuser—, cette fille lui a rappelé quelqu'un. Qui a compté pour lui. Qui l'a marqué, à tout le moins. Mais il ne sait plus qui. Alors il a dit d'accord à la Vignal, à condition que «la jeune femme que nous venons de croiser dans le couloir s'occupe du projet. C'est à prendre ou à laisser.» L'éditrice a pris, bien sûr. Et lui a appris plus tard que son étrange toquade s'appelait Marguerite Santa Lucia. Il connaît ce nom. Mais ne parvient à le relier à rien. Lors de ses premiers rendez-vous avec Marguerite, il ne pensait qu'à ça: qui diantre lui rappelait-elle? Et où avait-il déjà entendu le patronyme de Santa Lucia? Sa mémoire s'effiloche. Il ne perd pas la tête, non, n'est-ce pas Hans que je ne perds pas la boule? (Son majordome acquiesce invariablement.) À son âge, n'est-il pas normal d'avoir quelques oublis? Et sa vie a été si dense!

Cent fois ces dernières années des éditeurs lui ont proposé d'ajouter un tome à ses mémoires, dont le dernier date déjà d'un quart de siècle. Cent fois il a refusé. Il préfère écrire des romans. Et profiter de la vie sans sa femme, qui habite désormais en Auvergne, dont elle est élue régionale. Marie-Charlotte et lui n'ont rien à se dire depuis longtemps, elle est conne comme une vache, complètement réac, ces abrutis ont voté pour son nom et son entregent, pas pour ses idées —d'ailleurs elle n'a que des opinions. Ah ça, pour dégotter des subventions européennes, médiatiser ou muséifier les obsolètes et improductifs savoir-faire artisanaux des consanguins du Cézallier ou des Combrailles, venir faire chanter Mireille Matthieu à la maison de retraite, elle est fortiche, Maman! Mais c'est le degré zéro de la réflexion politique. Elle se contente de donner son avis sur tous les sujets d'actualité, avec sa petite moue pincée de coincée du rectum quand il est question d'immigrés —pas ceux d'avant, les bons, les Polacks ou les Ritals, mais ceux qui n'ont pas la même culture que la nôtre. Parlons-en, de sa culture, à Maman!

Elle n'a pas lu un bouquin depuis *Le Tour de la France par deux enfants,* à part des biographies de culs-bénis, saints et autres curés de campagne. Que cette vieille peau aigre et rance puisse être élue de la Nation montre bien la dégénérescence des institutions et de la société. Et puis quand elle vivait avec lui, elle n'arrêtait pas de le tancer, de le houspiller, « Vous devriez faire ci, Aymeric » ou « Vous n'avez plus l'âge de faire ça, Aymeric ». Alors qu'elle reste à Vichy (tiens, tiens...), bon débarras !

Écrire ses mémoires, ça veut dire la petite Jeanne presque tous les jours dans son bureau.

— Marguerite, monsieur.

— Quoi ?

— La jeune femme s'appelle Marguerite, pas Jeanne.

Achever ses mémoires, ça veut dire la petite Marguerite presque tous les jours dans son bureau. Ce livre sera l'ultime réhabilitation. Sa trace dans l'Histoire, pour la postérité. Cette idée lui est venue juste après avoir croisée la jeune femme aux Éditions Paulin, en revenant du *Relais Louis XIII.* Il y pensait déjà confusément depuis quelque temps. C'est bien beau, le Dispositif, mais qui comprendra qu'il mérite le Paradis ? Avec ou sans majuscule, d'ailleurs, un paradis minuscule lui conviendrait très bien. Une trace scintillante dans l'Histoire et une place au paradis, adjugé ! Il va devoir jouer serré. Pas question que Berthier et les autres apprennent qu'il se confie à quelqu'un. Ils ne le permettraient pas. Ils auraient peur. Qu'il en dise trop. Qu'il se trahisse — et les trahisse tous par la même occasion. Ils n'auraient pas tort. Il ne s'agit pas seulement d'écrire ses mémoires. Peut-être pas. Tout dépendra de la petite Marguerite. Saura-t-elle lire entre les lignes ?

*

— Alors, il est comment, en vrai, ce pourri ? lui a demandé Jonas le soir du premier rendez-vous avec Delaroche.

Il lui avait bien bourré le crâne avant, sur l'air de « tu te rends complice de cette ordure », avec des variantes dans la gamme « t'as vraiment aucune conscience politique, ma pauvre fille » et des vibratos autour de « mais pour remplir le dressing, on est prêt à tout de nos jours. » D'abord, le dressing, Marguerite en fait ce qu'elle veut, elle est chez elle. Jonas est bien content d'habiter en plein quartier des Batignolles sans bourse délier, dans les 97 m^2 rue des Moines qu'elle a hérités de son père. Ensuite, Delaroche fait montre d'un savoir-vivre un peu suranné très agréable. Il est courtois, prévenant, respectueux, des valeurs qui suffisent à Jonas pour le classer à droite d'Action Française. Un pourri ? Elle avait décidé d'arriver devant lui sans ce genre de préjugé, n'a voulu lire aucune biographie, aucun portrait de lui avant de commencer cette collaboration. Même si elle savait comme tout le monde sa réputation de noceur, de coureur de jupons, les soupçons d'enfants naturels, dans la plus pure tradition aristocratique. Elle a vu des photos de lui clope au bec, bière à la main. Sa passion pour les grands crus n'est pas un secret, et de nombreuses affaires judiciaires ont éclaté durant son mandat de maire de Lyon. Il est toujours passé entre les gouttes, que son immunité présidentielle l'ait protégé ou qu'un subalterne ait payé à sa place.

— Pourquoi vous ne m'aimez pas, mademoiselle ? demande Delaroche.

— Je suis votre… scribe, en quelque sorte. Mes sentiments à votre égard n'ont aucune importance.

— Au contraire : si vous ne m'aimez pas, vous serez partiale.

— Je me suis mal exprimée, pardon. Je m'interdis de penser quoi que ce soit de vous.

—Vous y parvenez?

—Je ne pense pas grand-chose en général.

—Vous n'avez pas d'avis sur mon action politique?

—Non. La politique ne m'intéresse pas et je suis trop jeune pour vous avoir connu en exercice.

—Comment peut-on ne pas être intéressée par la politique, à votre âge? C'est votre quotidien, votre futur, celui de vos enfants!

—Ah elle est fameuse, celle-là! Des népotes profiteurs comme lui ont dégoûté notre génération de la politique et

—Jonas, c'est mon interview. Va militer si t'es pas content!

La petite a raison: ils ont détourné les citoyens de la politique. Pas de manière méthodique, planifiée ni complotiste. Disons qu'ils ont laissé la jouissance individuelle devenir valeur suprême. Cela servait leurs intérêts —des intérêts que personne n'a envie de partager: l'argent et le pouvoir. On est bien, là-haut. La table est bonne. Alors on oublie ce qui se joue au pied de l'Olympe, pour peu qu'on l'ait jamais su. Et on verrouille les accès.

—Avez-vous des regrets, Marguerite? Non, vous êtes trop jeune pour cela. Laissez les regrets aux mourants. Une mauvaise action qui pèserait sur votre conscience, peut-être?

N'est-ce pas elle qui est censée poser les questions? Mais personne ne lui en pose jamais, à elle, alors elle raconte. Qu'un jour, sa cousine Sylvie a oublié chez elle, après une fête, une veste qu'elle adorait. Et que Marguerite adorait aussi. Le lendemain et les jours suivants, Sylvie a demandé à tous les invités si quelqu'un l'avait emportée par erreur. Elle a couru les objets trouvés, harcelé la compagnie de taxis pour laquelle travaillait le chauffeur qui l'avait ramenée ivre chez elle. Elle a demandé vingt fois à Marguerite si celle-ci avait bien cherché partout. Trois mois plus tard,

Sylvie partait travailler en Somalie, où elle n'en aurait pas besoin, de sa veste. Que Marguerite a gardée pour elle. Qui est pendue dans son dressing. C'est dégueulasse, parce que Sylvie a toujours ramé. Marguerite suppose qu'acheter cette veste de marque avait représenté pour sa cousine un investissement non négligeable. Elle la lui a volée, purement et simplement.

— Rendez-la-lui.

— Vous êtes fou ! Jamais je ne pourrais faire une chose pareille !

— Pourquoi ?

— La honte. Ce serait humiliant.

— Si votre cousine mourrait demain, vous auriez des regrets. De vrais regrets.

Quand Marguerite explique à Jonas qu'elle trouve Delaroche un peu mélancolique, voire contrit, il ricane.

— Les hommes comme DDM n'ont pas de conscience. Dis-moi, vous êtes que tous les deux, non ? Tu pourrais le buter. Quel geste héroïque ce serait ! La preuve que les citoyens ne sont plus dupes. Qu'ils ne se laissent plus faire.

Au début, les emportements de Jonas l'impressionnaient. Non. En vérité, au tout début, elle croyait qu'il plaisantait quand il parlait de pendre les capitalistes avec les tripes des patrons — un truc comme ça. Tout le monde est capitaliste, non ? C'est comme le McDo : même ceux qui critiquent y mangent.

— Tuer un vieillard sans défense ?

— C'est un symbole, Marge ! Le symbole de la complicité des élites pour nous tondre, nous les petits. En l'assassinant, tu deviendrais une égérie du peuple opprimé luttant pour sa libération.

Ben voyons, tuer Delaroche… C'est ce que tu ferais, toi, n'est-ce pas mon lapin-jamais-content-tous-pourris ? Il est mignon quand il s'énerve tout seul, son rebelle bouboule.

Marguerite pose la tête déchevelée de son mec contre son ventre, toute tendresse et empathie. Elle va le gâter ce soir, lui cuisiner son plat préféré, des lasagnes, Jonas n'est pas difficile, ni très raffiné. Dès qu'elle aura mis ses maigres notes au propre. L'ordre de mission de La Hyène est clair : aider Delaroche à faire concis. « Pas question qu'il nous ponde un pavé illisible plein de noms et de dates ! » l'a-t-elle avertie. Delaroche a déjà publié trois tomes de mémoires (*L'Existence et le Pouvoir*), cette fois-ci, il s'agit d'une sorte de

— … testament ?

— Ce n'est pas ce que j'ai voulu dire, monsieur le Président.

— Aymeric.

— Je… Laissez-moi le temps, d'accord ?

— À votre guise. Vous savez, je connais les gens comme Martha Vignal. Elle veut avoir quelque chose en réserve pour le jour où je passerai l'arme à

— Ne dites pas cela ! La Hyène est peut-être

Oh crotte ! Marguerite se fige, écarlate. Delaroche rigole comme un bossu.

— La Hyène ? C'est ainsi que vous surnommez Martha ? Ma foi, cela lui sied à merveille ! La Hyène, ça alors !

— Non, non, bredouille-t-elle. Écoutez, il vaut peut-être mieux que vous voyiez avec elle pour faire appel à quelqu'un dont c'est le métier. Je n'ai pas les compétences.

— Vous vous trouvez jolie, mademoiselle ?

— Je vous demande pardon ?

— Vous avez très bien entendu.

La petite baisse les yeux. Elle est ravissante mais ne le sait pas. Ce n'est pas de la fausse modestie, elle se dévalorise complètement.

— Je ne crois pas que…

Marguerite panique. Elle transpire. Delaroche ne lui a quand même pas fait le coup de la beauté qui s'ignore...

—Mademoiselle Santa Lucia, nous continuons à travailler ensemble, et vous avez ma parole que jamais la Vignal ne saura comment vous la surnommez. Cela restera entre nous. Alors, reprend-il d'une voix alerte, je suppose que vous avez réfléchi à la manière de procéder.

Elle redresse la tête, se tient droite désormais. Volontaire, cette gamine, sous son apparence empotée.

—Je crois que les décisions politiques, les élections, les honneurs, on s'en moque, dit Marguerite d'une voix incertaine (ce qu'il lui faut de courage pour s'affirmer ainsi!) On trouve cela dans les livres d'Histoire. Ce qui m'intéresse, c'est l'homme.

—Vous ne pouviez pas me faire plus plaisir, mademoiselle. Mais l'homme est-il dissociable de ses décisions politiques, des élections, des honneurs? Il a été Dieu, parole sacrée, Garde républicaine et Falcon présidentiel. Il a été admiré, craint, entouré, voyages officiels et tapis rouges. Même après son second mandat, on le sollicitait pour avoir son avis, on le visitait pour quêter son adoubement. Il faisait partie des petits cercles qui font et défont, influent, liment les dents des trop ambitieux, promeuvent les loyaux serviteurs. On l'invitait à des cérémonies, des dîners somptuaires, il siégeait dans des commissions. Puis peu à peu de l'ombre il est passé à l'obscurité. Moins de visites, des décisions qui se prennent sans son aval, puis sans même le consulter. La nouvelle génération trouvait sa présence trop encombrante, ses prises de position pas assez orthodoxes. Il est devenu inaudible à mesure qu'il s'est mis à chevroter, invisible d'être trop chenu. Pour continuer à exister, il a pris la posture du vieux sage, sans s'interdire de jouer au franc-tireur. Les invitations se sont raréfiées avant de se tarir. Bon Dieu de bois, il a quand même dirigé le pays pendant quatorze ans! Il a modernisé la France, l'a préparée à entrer dans le XXIe siècle! Le Concorde, le TGV, le droit à l'avortement, c'est lui! Et même les plumitifs ne se soucient plus de ses analyses. Il est resté seul avec sa femme et Hans, puis seul avec ce dernier désormais. Du temps de sa munificence, on parlait du « clan Delaroche », cornaqué à la baguette par Marie-Charlotte. Couverture de *Paris Match* et gros titre du *Point* — « La garde rapprochée de DDM : qui sont-ils ? Comment ils dirigent la France. » Aujourd'hui qu'il ne distribue plus ni prébendes ni emplois fictifs, le clan a vécu. Sa belle-fille (« La communication chez DDM : une affaire de famille », *Le Monde*), entrée grâce à lui chez Dassault Industries, n'a plus donné de nouvelles depuis au moins cinq ans. Idem pour le mari de celle-ci, son fils aîné.

— Votre fils est mort, monsieur.

— Édouard, mort ? Vous êtes sûr, Hans ?

— Sûr, monsieur.

— Ah oui, tiens… J'avais oublié.

Bref, il voit quelques vieux de la vieille de temps en temps, dans le cadre du Dispositif. Toutefois il faut être discret. Très discret. L'idée est formidable, mais si cela dénerve les regrets, cela ne remplace pas les applaudissements, les vivats, les regards fervents. Les flatteries, les compliments, les regards serviles. La jouissance de briser les jarrets d'un arrogant, de faire virer un rétif.

La toute-puissance…

… et puis…

… le vide.

Qui lui rappelle qu'il va mourir.

Il va mourir.

Impossible d'apprivoiser cette idée. Elle mord, elle aboie, elle agresse et griffe mais jamais ne se laisse caresser comme un espoir.

Il va mourir.

Il ne veut pas. Non, il ne veut pas. D'aucuns disent qu'un jour on est prêt, on lâche prise. Balivernes !

Il va mourir. « Comme tout le monde », lui répétait sans ciller ce laideron d'infirmière qu'ils lui avaient collé l'an dernier. Sauf qu'il n'est pas tout le monde. Si les autres acceptent sans barguigner de passer l'arme à gauche, grand bien leur fasse, il ne les retient pas. Mais lui, il ne veut pas.

« Vous avez bien vécu, non ? » ajoutait parfois l'infirmière, employant un passé qu'il lui aurait bien fait ravaler en le poussant de son vit si elle n'avait pas été si mastoc, une vraie haltérophile de la RDA. (« Je vous arrête tout de suite, Hans, je sais que l'Allemagne est réunifiée. ») Oui, il a bien vécu. Très bien, même. Peut-être est-ce lié : plus on a profité de la vie, moins on veut la quitter — et c'est elle qui vous quitte pourtant. Il est courbé quand il était droit, déplumé quand sa crinière, brune puis blanche, faisait sa fierté, tremblotant quand il a mené le pays d'une poigne de fer.

Il va mourir. Il devrait y être préparé mais il a peur, une peur atroce.

— Alors, avez-vous peur de mourir, monsieur le Président ?

Qui est cette appétissante jeune femme, déjà ? Il est supposé savoir puisqu'ils sont chez lui, il reconnaît son salon. Il parie pour un 90D. N'a-t-il pas toujours battu Berthier à ce petit jeu ? Il est mort, lui, ou pas ? Voyons, voyons, Berthier… Ah mais non, il l'a vu hier ! Ou la semaine dernière. Ils siègent ensemble au… Ah, sapristi ! Un organisme important… Le Conseil constitutionnel, voilà ! Tu vois, Hans, que j'ai toute ma tête ! La sauce blanche, très peu pour moi, vous repasserez ! Oui, Berthier et lui s'amusaient à deviner les tours de poitrine — puis à vérifier, bien sûr. Berthier est avec eux, n'est-ce pas ? Oui, oui, il est des leurs. Il a toujours battu Berthier, sauf une fois. Avec cette speakerine. « Elle triche, elle en a moins qu'affiché », avait-il pronostiqué. Qui aurait cru que la bougresse accepterait un petit trio — pas qu'un d'ailleurs ? Ça l'a hissée à la direction des programmes, s'il ne s'abuse. Faudrait qu'il demande à Berthier ce qu'elle est devenue. Et s'il est des leurs. Ah mais non, est-il bête ! Berthier est mort. Était-il du même bord que lui ?

— Je n'ai pas peur de mourir, non. Vous savez, il arrive un âge où l'on devient fataliste. On s'est « fait une raison », comme l'on dit. Je suppose qu'on appelle cela la sagesse.

Accepterait-elle de lui montrer si c'est du 90D ? Elle a de belles hanches. Il aime bien ce genre de femme un peu

— Votre foi vous aide-t-elle à faire face à l'inéluctable ?

Sa foi ?! Non mais quelle rigolade ! Personne n'a donc compris qu'il n'a jamais cru en rien, à part en lui-même ? Il n'a pas fait son *coming out?* Tout le monde le prend encore pour ce père-la-morale qui dirigeait la France en *pater familias* sévère ? Il faut croire qu'il avait aussi des talents de comédien. La mort, la foi, elle n'est pas très réjouissante cette petite. Une journaliste de *La Croix ?*

— Il paraît quand, votre article ?

Marguerite lève un sourcil. C'est presque devenu un tic, elle le sait. Cela faisait rire ses condisciples qu'elle réussisse à ne hausser qu'un seul sourcil plusieurs fois d'affilée. Delaroche ne devient pas gâteux, elle aurait tort de croire cela. Elle se demande même s'il ne joue pas avec elle parfois, cherchant sciemment à l'embrouiller.

— J'écris un livre sur vous, monsieur le Président. Ou plutôt, je vous aide à écrire vos mémoires.

Un livre ?! Ah oui, un livre, c'est vrai. Il a accepté parce que… Pourquoi diable a-t-il accepté que cette pimbêche écrive un livre avec lui ? Pas à cause de sa poitrine, tout de même ? Elle lui rappelle quelqu'un, mais qui ?

Marguerite prend ses marques : trajet en bus jusqu'au Ve arrondissement, l'hôtel particulier, le majordome un peu flippant à tête de vieux barbouze, l'affabilité de DDM. Dès le lendemain de son rendez-vous avec La Hyène, elle était chez l'ancien président. Il ne voulait pas traîner. « À mon âge, vous savez... » Elle n'a donc pas eu le temps de réfléchir à une approche méthodologique, à des questions. Elle improvise, depuis le début, cela donne parfois des phrases ridicules comme : « Ce qui m'intéresse, c'est l'homme. » Après tout, les journalistes appellent cela un angle, non ? Delaroche a eu l'air content. Il est gentil. Les biscuits qui accompagnaient le thé étaient délicieux aujourd'hui.

Dans le bus montent deux Maghrébins en djellaba (faut-il dire Arabes ? Elle a toujours peur de sonner raciste), jeunes, hiératiques. Ils portent de longues barbes. Les trois femmes voilées qui papotaient debout baissent la tête et se taisent. La présence de ces deux hommes oppresse Marguerite. Ils ne font rien de particulier, ne défient personne du regard, pourtant elle ne peut s'empêcher de penser aux attentats de fanatiques religieux en Tunisie, en Syrie, et aux tueries perpétrées en France au nom de l'Islam. Elle est mal à l'aise. Et s'en veut de cette réaction épidermique. Ces deux types n'y sont pour rien, c'est ridicule. Et ces femmes se voilent peut-être de leur propre chef. Elle ne parvient pas à reprendre sa lecture. Elle voit un des deux hommes sortir une grenade de sa poche et la dégoupiller en hurlant un truc avec Allah dedans. Elle se voit dans le bus en flammes, un bras arraché. Ils ont parlé aux infos de transformer des églises désaffectées en mosquées. L'idée l'a choquée. Jonas a déclaré que ça éviterait qu'elles tombassent en ruines; et puisqu'eux croient et nous plus... «Eux», «nous», n'est-ce pas l'amorce de la guerre? Appartient-elle à un «nous»? Est-elle en conflit avec «eux»? Cela lui semble déraisonnable. Malgré tout, elle a le sentiment d'une différence. À force de se l'entendre dire? D'après Billie, la foi serait l'apanage des peuples primitifs:

— Comment peut-on prier Dieu au XXIe siècle? On sait très bien comment le monde a été créé, la science apporte toutes les réponses. L'Occident a heureusement tué Dieu grâce au Progrès. C'est la différence entre la civilisation et la barbarie.

Sa mère a dû capter au vol quelques phrases d'une émission télévisée. Jonas pontifie que ce ne sont ni les différences culturelles ni les différences religieuses qui créent de la violence mais la pauvreté et le manque de perspectives, d'idéaux. «Le désespoir est le terreau de tous les fanatismes.» Un philosophe très connu invité au JT affirme que c'est un peu facile comme raisonnement et qu'il faut bombarder les fanatiques. Quand le débat vient sur ces terrains-là, Marguerite s'éclipse. Bien sûr, Billie ne manque pas une occasion de la prendre à partie: «T'en penses quoi, chérie?» Rien. Elle n'en pense rien. Alors elle bredouille une banalité ou argue de la complexité de la situation.

—On est quand même dans un pays laïc, merde! lancera Billie.

Qui ne sait même pas ce que laïcité recouvre. Sa mère a l'art d'asséner des vérités, puis de s'en tirer par une blague s'il y a trop de répondant en face. Marguerite n'arrive pas à croire que certains («eux»?) commettent vraiment ces actes —bombarder des villes, tuer des enfants sur des marchés, exciser des femmes, vendre aux enchères des vierges. Et comme elle n'y croit pas, ça n'existe pas. Et comme ça n'existe pas, elle n'a aucun avis sur tous ces sujets.

—Ça ne t'empêche pas de signer des pétitions à la con contre les massacres de dauphins pour te donner bonne conscience, raille Jonas.

Elle n'a pas signé celle des dauphins, qu'elle a vue passer sur Facebook accompagnée d'images horribles. Elle a signé un truc pour soutenir des crapauds dont l'habitat est menacé par la construction d'une ligne TGV. Ou était-ce pour que des Indiens d'Amazonie ne soient pas expropriés? Elle a lu les articles liés à la pétition en ligne, révoltée par ce que subissent ces pauvres gens chassés des terres ancestrales de leurs tribus. Jonas peut bien faire son cynique, elle a envie de défendre ce genre de causes. Elle trouve positif d'accueillir ces milliers de réfugiés —ou de migrants, que faut-il dire?—, jusqu'à ce qu'un expert à la télé explique combien c'est dangereux pour la zone euro. Alors elle doute. Son foyer sera une enclave de paix et de bonheur sur cette planète malade. Jonas l'ignore encore mais il a la fibre paternelle.

—Gaston, c'est pas mal pour un garçon, non?

—Mieux que pour une fille.

—Allez, sois sérieux, Lapin!

— *Y'a l'téléphon qui son mais y'a jamais person qui y répond.* Je t'ai envoyé un lien au sujet de l'aéroport.

De Lyon. Ou de Bordeaux, Marguerite a oublié. Jonas voudrait qu'elle prenne position contre la privatisation de ce fichu aéroport vendu à des Taïwanais. Que serait le mieux pour l'économie du pays, pour la croissance ? Elle n'a rien vu à la télé à ce sujet — le matin, elle regarde les chaînes d'informations en continu. Les Indiens sans défense lui paraissent plus dignes d'intérêt. Elle a relayé la pétition sur les réseaux sociaux. Il faut vraiment alerter l'opinion publique. Mais peut-être est-ce faux, après tout. Peut-être n'y a-t-il ni Indiens ni dauphins. Parfois, la Toile s'emballe, on s'y engueule, on s'y indigne, on juge, on lynche. Et tout retombe, l'objet de l'éruption était une simple rumeur infondée, ou une autre information plus inflammable a commencé à circuler. Alors on s'énerve, le bien, le mal, les grandes théories, les nobles principes. Quand elle aura un enfant, plus besoin de faire semblant devant les autres de ne pas les prendre pour des fous lorsqu'ils discutent — oh, si sérieux tous ! — du dernier conflit à la mode, des ennemis intérieurs ou des chocs de civilisations. Quand elle aura un enfant, les dauphins, les Indiens, les aéroports et les crapauds pourront bien se débrouiller sans elle. Quand elle aura un enfant, tout ira mieux.

— T'en a reparlé à Jonas ? demande Sidonie.

— C'est pas le moment, je viens de commencer un nouveau boulot.

— Ah oui, c'est vrai ! s'exclame Fanny. Les mémoires de ton vieux. Tu ne veux toujours pas nous dire qui c'est ?

— Je n'ai pas le droit. C'est dans mon contrat.

— Un chanteur ? Un acteur.

— N'insiste pas, Sidonie, je ne dirai rien.

Ses copines égrènent quelques noms, demandent des

indices, puis, comme Marguerite ne joue pas le jeu, elles se lassent. Fanny embraye sur ses projets de vacances, une équipée roots jusqu'à la mer Noire à travers des pays qui finissent en « -stan » et évoquent à Marguerite des moustachus avec des sabres, des moustachus avec des kalachnikovs, des gamins dépenaillés et pouilleux, des chiens errants, des routes défoncées et des statues de Staline.

— Génial ! s'exclame Sidonie.

— J'aurais trop peur, glisse Marguerite.

— Si on a tout le temps peur, on ne fait rien.

Le petit silence après cette phrase reflète l'image de Marguerite (coincée) et de son couple (pépère, deux petits vieux) au miroir de ses amies. Oui, l'inconnu l'angoisse, donc elle est casanière. Elle sait toutefois qu'elle pourrait surmonter certaines de ses peurs, qu'elle en a les ressources. Mais Jonas ne sera jamais une force motrice, un élément déclencheur pour l'aventure, même organisée. Il a besoin trente-six heures à l'avance de savoir où il va pouvoir déféquer en paix et discrètement. Sinon il panique. Il refuse d'aller à la selle dans un lieu public. Il ne faut pas qu'on sache qu'il y va ou qu'il en revient. En cinq ans, elle ne l'a vu sortir qu'une seule fois des toilettes après une grosse commission (elle s'était levée en pleine nuit à cause de sa vessie). Il est devenu fou, lui a interdit d'entrer dans les toilettes, elle a dû uriner dans la baignoire. C'est une des raisons, avec son incapacité à recevoir des ordres, qui expliquent pourquoi Jonas n'a jamais travaillé en entreprise.

Marguerite a été stagiaire dans la rédaction d'un mensuel féminin, grâce à l'entregent de sa mère. Puis embauchée à durée déterminée, un contrat spécial instauré pour favoriser l'emploi des jeunes, un truc avec « avenir » dedans mais qu'on ne désignait que par son acronyme. Elle touchait moins que le minimum légal, travaillait soixante heures par semaine, son employeur ne payait pas de charges sociales

—Cotisations, Marge, cotisations !

—Quelle différence ?

—Une charge, c'est un poids. Un fardeau. Une contrainte. Une cotisation contribue à l'œuvre commune. C'est positif, une cotisation. Pas une charge.

Il est parfois pénible, Jonas, quand il récite son catéchisme de gauchiste. (Jamais devant Billie, bizarrement...) Le plus souvent, Marguerite ne relève pas (« Comme tu veux »). D'autres fois, elle a envie de l'agacer, de le mettre en rogne —au risque d'en prendre une.

—Pourquoi tout le monde dit « charge », alors, si c'est « cotisation » ?

—C'est de la propagande ! Pour faire entrer dans la tête des gens que les pauvres entreprises croulent sous un poids injustement déposé sur leurs épaules.

—Les entreprises n'ont pas d'épaules.

—Marge, ne joue pas à la conne, s'il te plaît. Pas avec des sujets aussi importants.

—Ah bah oui, qu'on dise charge ou cotisation, vraiment, c'est hyper important ! Tu me diras quand est prévue la prochaine manif' pour le retour de la cotisation dans le langage courant, je viendrai avec avec un T-shirt Che Guevara.

—C'est affligeant, ton nombrilisme bourgeois ! C'est à cause de gens comme toi, qui n'ont aucune notion de l'intérêt général, que sont élus des Delaroche de Montjoie ou des Sarkozy !

Jonas a raison, elle est nulle. Elle pourrait essayer de s'intéresser à la politique, tout de même. Comme le dit Aymeric, l'avenir de ses enfants est en jeu. Si Jonas militait dans un parti ou s'impliquait dans la vie associative, ce serait plus simple, elle pourrait le suivre. Il dit qu'il l'a fait longtemps et qu'il n'a plus le temps. Sa participation citoyenne se limite à critiquer et à vitupérer devant la télé.

Une fois, dans un de ces immenses centres commerciaux de la banlieue ouest, il a commencé à agonir une pauvre vendeuse qui lui proposait une carte de fidélité, lui reprochant d'être un suppôt du consumérisme, une sectatrice de la société du spectacle, qui détourne les citoyens des vrais problèmes.

—Et toi alors qui conçois un jeu vidéo? a murmuré Marguerite.

Jonas lui a hurlé dessus, ça n'a rien à voir, je crée un jeu insidieux, un cheval de Troie! *PulsionS* a une portée politique! Après la honte dans le magasin, la mégahonte dans les travées du *mall*—c'est ce qu'il disait Jonas, « un *mall* », alors qu'il peste contre l'américanisation en marche.

—Je me demande de quoi tu peux bien parler avec Delaroche...

Marguerite ne le lui dira pas. Ces moments avec Aymeric lui appartiennent. Elle se sent légère avec lui. Et jolie. Jonas embouerait tout de cynisme. Pourquoi le laisse-t-elle la rabaisser sans cesse? Dès qu'ils rigolent ensemble sur le canapé devant une téléréalité, ou qu'elle se blottit contre lui pour regarder un film, il redevient un compagnon parfait. Il va lui chercher du chocolat à la cuisine, lui remplit son verre, met le film sur « pause » quand elle a envie de faire pipi. Et puis l'appartement est toujours nickel. Aucun des mecs de ses copines ne fait la vaisselle, encore moins le ménage. Elle a de la chance. Qui aime bien châtie bien, non? Il est dur avec elle parce qu'il l'aime. Il ne sait pas l'exprimer autrement, voilà tout. D'ailleurs, s'il ne l'aimait pas, pourquoi resterait-il? Il est plutôt pas mal, comme mec, il pourrait très bien se trouver une fille beaucoup mieux qu'elle.

Quand Marguerite travaillait dans ce magazine féminin, il la conseillait : « Les autres stagiaires sont tes ennemies, alors tu leur souris par devant et tu les casses par derrière ! » Elle était incapable d'agir ainsi. Dès que quelqu'un avait besoin d'un bureau dans l'*open space* de la rédaction, c'était vers elle qu'on se dirigeait, avec un petit geste d'excuse plus ou moins méprisant. Elle n'a pas été recrutée, et a même dû former sa remplaçante, elle aussi placée sous le régime acronymique de l'avenir. Elle se faisait voler ses idées d'articles par des journalistes en CDI, ou des précaires joue-des-coudes bien décidées à faire leur trou. Elle trouvait toujours qu'à partir de son idée, celle qui la lui avait piquée avait écrit un meilleur papier qu'elle ne l'aurait fait. C'était mieux ainsi, donc. Même si sa non-embauche n'a pas fait plaisir à Billie (« C'est bien la peine que je fasse jouer mes relations pour toi »), aux yeux de laquelle Marguerite s'est encore plus, si cela était possible, déconsidérée (« Je te mets le pied à l'étrier et t'es même pas fichue de partir au trot »).

Elle aime bien le gilet sans manches un peu déstructuré que porte Fanny. Celle-ci décrit à Sidonie le bétonnage du littoral monténégrin, elle a eu « trop du flair » de visiter le pays avant la ruée des touristes allemands et anglais. « Aujourd'hui laisse tomber, c'est trop pas la peine, La Grande Motte à côté c'est un village de pêcheurs. » Marguerite prend une photo du gilet avec son *smartphone* et la poste sur Facebook. Dieu sait par quel truchement (Les Monténégrins ? Les pêcheurs ?) la conversation a dévié sur le porno. Fanny se doute que son mec en mate sur le Net ; elle s'en fiche. Sidonie en regardait avec son ex. Marguerite dit qu'elle quitterait Jonas si ce genre de spectacle dégueu l'excitait. Ses deux amies rigolent.

— Qu'est-ce que ça peut faire, Maggy ?

Elle trouve ça dégradant. C'est trop demander, un minimum de distinction, de raffinement ? Non mais c'est vrai, c'est lourd parfois ! Il suffit de dire à propos des asperges : « Les grosses sont plus goûteuses » pour qu'un crétin, l'œil égrillard et le regard entendu, réplique : « On dirait que tu sais de quoi tu parles. » Ou : « Je croyais que la taille ne comptait pas ?... »

Fanny et Sidonie la brocardent avec des adjectifs comme « rétrograde » ou « romantique ». Elle réplique par « inesthétique ». Elle ne trouve pas que cela élève vraiment l'âme, le porno et le sexe. Fanny et Sidonie hurlent de rire. Leur trio devient le point de mire du café tout entier — quelques mâles zyeutaient déjà en douce. Élever l'âme, c'était bon avant le câble, le satellite, avant la wifi ; une préoccupation d'un autre siècle. Élever l'âme, c'est comme la presse imprimée, mort de chez mort, affirme Fanny. Et puis franchement, il est cool, Jonas, mais il a plus l'air d'un éleveur de moutons que d'âmes. Elles se marrent de plus belle. Pourquoi est-elle amie avec ces filles ? Par habitude, sans doute. La même inertie qui la fait rester avec Jonas ? Elle n'a pas du tout envie de s'attarder sur le sujet. Le vide sinon sous ses pieds. Fanny raconte que son mec lui demande de faire ceci ou dire cela pendant l'amour, réclame qu'elle porte telle tenue sans rien dessous ou de la lingerie comme ci ou comme ça. Marguerite ne voudrait pas d'un amoureux de cette sorte, qui aurait besoin de stratagèmes de stimuli. Elle ne parvient pas à formaliser pourquoi (un rapport avec l'élévation de l'âme sans doute). « Moche » lui vient à l'esprit. Elle sait tout des mecs de ses plus proches amies. Comment et quand ils durcissent, s'ils ronflent, sentent des pieds ou puent du bec. « Mesquin » lui vient à l'esprit. Quand elle les voit, en soirée ou au restaurant, elle voit des dents pourries, des pieds sales, des pénis trop fins ou des testicules énormes. Fanny, Sidonie et Carole savent comment atteindre le plaisir. Elles sont capables de le partager avec un homme. De prendre les choses en main. Comment leur est-ce venu ? À quel moment ont-elles eu ces certitudes, trouvé les mots pour les exprimer, découvert les chemins qui menaient à l'épiphanie physique ? Après de longs tâtonnements ? Fut-ce une révélation subite ? Tout semble si simple quand ses copines en discutent.

— Vous baisez encore avec Jonas ?

Elle n'aime pas parler de ça, Fanny devrait le savoir pourtant. Fanny, Sidonie et elle se connaissent depuis la fac. Presque quinze ans.

Quinze ans.

Quinze ans. Ce que contiennent ces deux mots la stupéfie un court instant. En quinze ans, elle a couché avec quatre mecs, dont deux parce qu'il était très tard et qu'ils avaient beaucoup insisté. Voilà, pas de quoi se stupéfier. Elle n'a pas déménagé, pas changé de coupe de cheveux — frange et queue de cheval (plus ou moins courte, la frange). Bastien aimait bien quand elle avait les cheveux détachés. « Ça m'excite », disait-il, de sa voix d'obsédé qui lui faisait peur. Avec Bastien, aucun risque qu'elle passe deux jours sans faire l'amour. Peut-être même n'y a-t-il jamais eu une journée. Elle se laissait faire, c'était son premier amant, elle était folle de lui. Avec des objets, avec ses potes, devant des inconnus, dans des lieux publics : elle a tout essayé pour lui faire plaisir. Sans jamais en prendre. Puis ce dégénéré a couché avec

— Ouh ouh, Maggy !

— Excusez-moi, les filles.

Quand Fanny et Sidonie parlent cul, elle décroche. Ce domaine des relations humaines ne l'intéresse pas. Et on ne peut pas dire que son mec l'aide à se passionner pour la question. Tant mieux. Leur amour est sain, simple, pas une de ces histoires passionnelles dans lesquelles Sidonie s'embringue sans arrêt et ressort cabossée. Marguerite a envie de le leur dire, à ses copines, que ni Jonas ni elle n'est très porté sur la chose. Elle a été voir sur Internet, ça existe les humains sans libido. On les appelle asexuels. Ils ont créé des associations pour trouver la force d'assumer, qu'on cesse de les considérer comme des malades. Elle a envie d'assumer et de ne plus faire semblant. Elle se sent parfaitement normale. Elle est heureuse que le père de ses enfants ne soit pas un queutard.

Il la voit à l'écran dans la petite fenêtre de diffusion, dure, tendue, encore plus grosse qu'en réalité. À savoir, au repos, en moyenne (cela diffère selon les moments de la journée), 13 centimètres de circonférence et 14,9 de long; en érection: 22,8 centimètres de long et 16,1 de circonférence. Il connaît les correspondances anglo-saxonnes puisque la plupart de ses amies virtuelles sont nord-américaines: 9.57 *inches long and* 6.34 *girth.*

Cela le grise d'offrir ainsi aux regards sa verge déployée. Ce site KaMaSturba est un émerveillement de chaque instant. Le principe est assez simple : celui des enchères. En page d'accueil, mosaïque des connectés qui se diffusent en page d'accueil, tout le monde a accès aux images de chacun, on peut acheter ou gagner des jetons (10 jetons valent à peu près 0,2 centimes). Plus les voyeurs donnent, plus les exhibs se dévoilent, écartent, étirent, enfoncent, vibrent, agitent, secouent. Voire plus. Comme partout, les femmes se montrent et les hommes paient pour voir. Beaucoup d'hommes, dont Jonas, ont envie d'être vus, mais peu de femmes ont spontanément envie de voir un inconnu à poil. Heureusement, il est possible de demander un *private show.* Il en coûte entre 5 et 120 jetons la minute (chacun fixe son tarif), avec des graduations à 10, 25, 60 et 90. Quand Jonas achète un *private show,* ce n'est pas pour être le seul à contempler sa correspondante faire son cinéma, strip-tease et doigt dans la bouche, hanches qui ondulent et léchage de tétons. Il lui demande de se connecter à sa propre caméra car ce qui l'enfièvre, c'est de la regarder le regarder. Tout en sachant que c'est peu probable, il voudrait qu'elle soit excitée de le voir se masturber. Et aimerait qu'elle ait conscience qu'il n'est pas comme les autres mecs, vicieux, pervers, rustres et souvent agressifs. Non, lui, c'est un romantique du *sex chat,* un esthète de l'exhib, respectueux et délicat.

En général, les filles sont plutôt contentes de tomber sur lui : il ne leur intime pas, sous prétexte qu'il paye, de s'enfoncer quoi que ce soit où que ce soit, ni n'impose de performance uro ou scato. Lorsque le contact est bon, qu'une sorte de connivence se crée, Jonas échange volontiers avec son interlocutrice, voire montre son visage, même si ça lui fait un peu peur, on ne sait jamais qui peut avoir accès à ces images. Le compteur défile alors très vite, d'autant que plus il tchatte, plus la fille devient réelle et plus il trouve incongru de se masturber devant elle. Parce qu'à raison d'au moins deux séances quotidiennes, l'addition monterait dare-dare, il s'est fixé comme règle de ne jamais solliciter de *private show* à plus de 5 jetons la minute. Et comme Dieu est asexué, ou capitaliste, ou les deux, les profils féminins les plus tentants sont ceux qui proposent les tarifs les plus élevés.

Jonas se caresse de la main gauche. Son écran est divisé en deux : d'un côté, sa queue (il est assez content de ce cadrage latéral inédit), de l'autre, la page de présentation des webcams actives, sur laquelle il scrolle, aux aguets. Il ne clique jamais sur celles qui montrent des sexes en gros plans ou de l'action avec des sex-toys. Le porno, très peu pour lui. Il se connecte par contre volontiers quand il repère un vrai sourire, une étincelle d'innocence dans le regard. Il capte vite les moues aguicheuses, les œillades faussement coquines, et fuit les tenues qui se veulent sexy et ne sont que vulgaires, avec une phobie pour les porte-jarretelles. Il cherche des filles naturelles, quotidiennes, des *girls next door* qui semblent être là pour le plaisir de tchatter à la coule avec quelques potes virtuels — certaines excellent à donner le sentiment qu'elles ne sont là que pour vous; que, privilégié, vous partagez une réelle intimité, et que business est un gros mot.

Loretta91 porte un débardeur moulant des Pittsburg Steelers et un minishort suggestif. Une 90, pas étonnant (Jonas catégorise les filles selon le prix de leur *private show*). Il tape quand même un message sur le tchat de la belle, le même qu'à chaque fois qu'il se mêle à une conversation: «*Inspiring view*». Il se dit que ça fait mec sympa. Son message est noyé au milieu des grasses remarques de ses semblables —987 personnes assistent au spectacle d'une Loretta rigolarde et adorable, qui tire son short vers le haut. Elle fixe sa caméra. Jonas a d'un coup l'impression qu'elle le regarde, lui et seulement lui. Une décharge lui électrise le scrotum. Un spectateur donne 50 jetons à Loretta. Le tarif qu'elle a fixé pour montrer ses seins. Jonas se tend. À gauche son chibre, dont il maintient la tumescence, à droite les petits seins aux aréoles roses de Loretta. Il surveille la fréquentation de sa page. Trois mecs. Parfois, il les interdit (une option l'autorise), ce qui fait vite plafonner son nombre de visiteurs (autour de zéro). En général les femmes ne font que passer, même s'il commence à avoir quelques abonnées. Quand une s'aventure dans son espace, il s'empresse de lui écrire quelque chose de rassurant comme « *Hey, my name is Eric, nice to meet you* ». Il a choisi un prénom international.

Trois mecs. Cela ne le dérange pas d'être maté par des homos, ou des *straight* qui s'encanaillent. Il répond « *thks* » quand un homme écrit « *Nice dick, dude !* » (c'est fréquent), ne répond rien par contre aux « *I'd like to suck it* ». Il ose un trait d'humour sur le tchat de Loretta. Son anglais n'est pas assez bon. En général, celui des filles non plus, la plupart sont est-européennes ou sud-américaines. Il ne parle pas espagnol. Loretta ne lui répond pas. Elle a relevé son débardeur. Elle a plus de 1000 spectateurs à présent. Jonas n'existe pas pour elle. Cette indifférence l'énerve. Il est beaucoup plus gentil, drôle et intelligent que ces mecs qui écrivent des grossièretés sur son tchat. Et mieux membré. Il voudrait que Loretta s'en rende compte, regarde sa grosse bite, l'admire, s'extasie. À genoux sur son lit, elle joue, nonchalante, à baisser la ceinture de son minishort toujours plus bas. Jonas se pogne à deux mains désormais. Une 90 : il n'a pas les moyens d'un *private show* avec elle. Rien à foutre, il va lui demander quand même. Il faut qu'elle le voie. Elle doit constater l'effet qu'elle lui fait. Elle en sera sans doute émoustillée. Cette perspective lui agace les couilles.

Bruit de porte.

Il remonte en vitesse son pantalon, arrache la webcam et la fourre dans un tiroir, clique sur l'écran pour faire disparaître les chairs étalées. Il s'est entraîné pour parer à ce genre d'improviste. Son cœur bat vite toutefois. Il a une suée. « C'est toi, Marge ? » Elle serait rentrée si tôt de son apéro-copines ?...

Pas de réponse. Il glisse la tête hors de son bureau. Pas un bruit. Fausse alerte. Il ne bande plus du tout.

*

— Tu mates du porno, des fois, sur Internet ?

Marguerite a pris un ton détaché, comme si elle demandait à Jonas des nouvelles de ses parents. Elle sait qu'il ne faut pas poser une question si on n'est pas prête à entendre la réponse. Elle a confiance.

— Des *films* pornos, tu veux dire ?

— Oui.

— Non.

Et voilà, les filles ! Ce n'est pas parce que vous ne rencontrez que des porcs que tous les hommes en sont ! Marguerite a envie d'embrasser son homme au cœur pur, son homme dont l'âme n'est pas noire, son homme si loyal.

Aymeric Delaroche de Montjoie a ce phrasé équilibré d'une autre époque, celle où les agents d'assurance ne devenaient pas ministre de la République, celle où on avait des humanités, celle où il ne serait venu à l'esprit de personne de s'intéresser à l'avis d'un ancien athlète de haut niveau sur la situation économique. Marguerite et lui bavardent soit dans le salon, soit dans le bureau —qui ressemble un peu à un boudoir. Elle n'a pas encore eu le cran de lui demander si le petit hôtel particulier lui appartient ou s'il est de fonction. Elle sait que la plupart des meubles sont à lui : vaisselier de son arrière-grand-mère (vu que DDM est né en 1927, le vaisselier a dû connaître Napoléon III), bureau de son grand-père, imposantes armoires familiales, buffets, le tout en bon bois bien solide, sauf quelques pièces de délicate facture, marqueterie fine et subtiles dorures. Elle n'a aucun héritage de ce type. Pas même de son père. Dans l'appartement qu'il lui a légué ne s'empoussiéraient à son emménagement que des meubles fonctionnels et impersonnels. Ceux qu'elle a ajoutés le sont aussi. Elle aime bien l'idée que la grand-mère de Delaroche rangeait dans cette armoire cirée les grands draps rêches qu'elle lessivait au lavoir avec ses copines — guère probable cependant compte tenu des origines aristocratiques de DDM.

Marguerite a peu connu ses grands-parents. Du côté maternel, ils sont morts récemment. Même quand ils étaient en vie, elle a toujours trouvé barbant au plus haut point de leur rendre visite. Les paternels habitent dans le Bourbonnais. Ils ne veulent pas la voir. Billie dit que ces « rapiats de cul-terreux parvenus » ne l'ont jamais acceptée. « Alors quand Hector est mort, forcément, ils n'ont plus voulu voir ma gueule ; ni la tienne, parce qu'ils ne supportaient pas que ton père m'ait fait un enfant. » Marguerite pense surtout que ses grands-parents paternels tiennent leur ex-belle-fille pour responsable du suicide de leur fils unique. Bref, pas de maison de famille à espérer de ce côté-là. Elle a envie de cela : une maison de famille, des meubles de famille, des portraits de famille au mur, des enfants qui jouent avec leurs cousins, des racines. Sans se l'avouer tout à fait, elle en a marre de boire des coups dans des bars à la mode, d'aller au ciné, des petits dîners avec toujours les mêmes amis. Elle se sent bien chez Delaroche. Hans veille à ce qu'ils ne manquent de rien. (Dans sa maison de famille, une dame gentille du village fera le ménage une fois par semaine, apportera des confitures et des légumes frais de son jardin.) Delaroche l'intimide encore un peu. Cependant, elle ose des questions plus incisives. Il est agréable et bienveillant, mais elle n'oublie pas ce qu'elle sait de l'homme politique — que Jonas ne manque jamais de lui rappeler.

— C'est quand même le genre de mec qui laisse ses collaborateurs faire de la taule à sa place !

— Ah bon ?

— Tu n'as jamais entendu parler de l'affaire des emplois fictifs de la mairie de Lyon ? Ni de celle des marchés publics truqués ?

— Si, vaguement.

— Il faudrait peut-être te renseigner un peu si tu écris un livre sur lui ! Comment, pourquoi, au nom de quoi, avec quels reniements ce type de salaud arrive tout en haut. Parce qu'il a les mains sales, crois-moi !

Elle aimerait bien un peu de soutien de la part de Jonas au lieu de ses saillies grincheuses. Autant espérer de lui qu'il paye sa moitié de la taxe d'habitation. Parfois, Marguerite se dit qu'il habite chez elle par confort et non par choix, vu qu'il n'a ni l'argent ni les garanties pour louer un appartement à Paris. D'autres fois, elle se prend à calculer ce qu'il lui coûte. Elle en a aussitôt honte. L'amour conjugal ne doit pas s'embarrasser de ce genre de mesquineries. L'adjectif est important : conjugal. L'amour n'est rien sans adjectif. Elle ne croit pas à la théorie qui voudrait qu'existât un « homme de sa vie ». Les filles comme elle ne se font pas d'illusions, elles prennent ce qui reste. Jonas a bien voulu sortir avec elle, c'était déjà miraculeux — elle est si quelconque ! C'est Jonas, cela aurait pu être un autre. Hasards, coïncidences, le bonjour auquel elle n'a pas répondu, plongée dans un roman, alors que la veille elle avait oublié son livre sur sa table de chevet et qu'aucun Jonas potentiel n'avait tenté de l'aborder dans le tramway. Et si elle avait été en avance à cette soirée, ce garçon qui parlait avec Sidonie quand elle est arrivée aurait été seul et lui aurait peut-être adressé la parole. Et son voisin, et le blond dans l'épicerie bio, tous ces possibles, ces Thierry, Hamid, Valerio qui auraient pu être Jonas. Cela ne la désespère pas du tout, l'ironie du sort. Ce fut Jonas, c'est Jonas, ce sera Jonas. Il n'est pas mieux ni pire qu'un autre. Il s'intéresse aussi peu qu'elle au sexe, c'est déjà beaucoup. Il sait être très drôle. Il sera le père de ses enfants.

— C'est quoi son métier, déjà ? T'es avec lui depuis des siècles et je ne sais toujours pas.

— Il est programmateur informatique.

— Depuis l'appartement de ton père? ironise Billie.

Cette dernière n'avale toujours pas que sa fille ait hérité seule de l'appartement des Batignolles — comme si Billie en avait besoin...

— C'est chez moi, maman.

— Oui, enfin bon, pourquoi tu ne dis pas qu'il fout rien, ton Jonas. Tu l'entretiens, en définitive.

— Il travaille sur un jeu vidéo novateur. Il va gagner beaucoup d'argent dès que ce sera au point.

— Ce que tu peux être naïve, tout de même!

— Je ne suis pas naïve, je suis bonne poire. Une bonne poire pour la soif qui croit en Jonas. Il a du talent.

— Ça n'empêche pas de se lever le cul pour aller bosser le matin, si? Avec le baobab qu'il a dans la main, il pourrait être jardinier par exemple.

— J'ai 32 ans, je suis assez grande pour décider de ma vie.

— Parlons-en, de ta vie: pas de boulot fixe, un mec qui vit à tes crochets, pas d'amants...

— Et toi, tu fais quoi, hein? À part la fête?

— Moi, au moins, je m'éclate. Je suis heureuse. Je répands la joie autour de moi. Toi t'as trente balais mais tu t'emmerdes. Excuse-moi de trouver ça triste pour ma fille.

Inutile d'argumenter, Billie coule ses opinions dans la résine de la certitude aussitôt qu'elles naissent, et n'a de cesse ensuite que de les exposer pour qui passe à portée. Sa mère n'est pas dans sa tête. Et dans sa tête, tout va bien.

— T'es insomniaque, tu fais de l'eczéma, du psoriasis, mais tout va bien, hein? ricane Billie.

Ça n'a aucun rapport! Pourtant, sa mère va insister pour que Marguerite aille voir un mec génial, son super pote...

— … François-Xavier, un super pote, un mec génial. C'est lui qui m'a débloqué le bassin. Et après sa séance d'acupuncture, tu sais quand j'étais fatiguée, en mars, j'ai eu la pêche pendant des mois ! En plus il va te prescrire…

… des saletés d'oligo-éléments, des gélules à base d'algues rares, de l'huile de testicules de phoque, de l'extrait de bulbe de papayer d'Équateur, tous ces remèdes de charlatan que sa mère s'envoie matin et soir, qui coûtent une fortune, ne sont pas remboursés, d'ailleurs ce François-Xavier n'est pas conventionné, c'est un ancien footballeur d'origine camerounaise…

— Congolaise, chérie.

… si tu veux, maman, congolaise, qui a eu une révélation après une grave blessure et des mois d'hôpital et de rééducation. Il s'est persuadé qu'il était guérisseur et magnétiseur, a assimilé un peu de médecine chinoise, de réflexologie plantaire, d'ostéopathie et s'est constitué une clientèle de gogos friqués dans l'Ouest parisien. À 150 € la consultation, Marguerite préfère gratter ses croûtes de temps en temps.

— En plus, toi qui es stressée comme pas possible, et angoissée, François-Xavier te ferait un bien fou ! Tu sais, je veux seulement t'aider, Margot.

— Je vais bien, je t'assure. Je suis la mieux placée pour savoir, non ?

*

— Êtes-vous heureuse, Marguerite ?

Heureuse ? Elle n'en sait rien. S'est-elle jamais posé la question ? Heureuse, oui, bien sûr. Mais… Mais quoi ? Heureuse ? Oui, oui. Pas malheureuse en tout cas. Zut, c'est quoi cette question pourrie ? Et puis il inverse les rôles, papy, c'est elle qui interroge. Elle le lance sur un sujet, puis l'écoute. Elle aime bien l'entendre parler de son enfance, de ces temps en noir et blanc sans écrans ni portables, des baisers volés au bal du samedi soir. Marguerite a l'impression que c'est Delaroche qui la ramène sans cesse sur le terrain de l'intime. Sans doute ne sait-elle pas lui en interdire l'accès.

— Et vous, Marguerite, attendez-vous de votre partenaire qu'il soit fidèle ?

— Oui, évidemment.

— Pourquoi est-ce une évidence pour vous ?

— C'est une évidence, c'est tout. Je n'ai pas envie que mon mec me trompe.

— Vous pensez que votre attitude a une explication biologique ? À savoir, pour résumer, que les mâles seraient programmés, survie de l'espèce oblige, pour féconder le plus de femelles possibles, donc coureurs, alors que les femelles seraient paramétrées pour garder auprès d'elles celui qui protégera leur progéniture, donc fidèles par nature ?

— Je ne sais pas, peut-être. Mais ça ne change rien : je ne veux pas que mon mec aille voir ailleurs.

— Vous vous rendez compte que si l'on retient cette hypothèse, cela signifie que les hommes ont beaucoup plus d'efforts à faire que les femmes pour être fidèles.

Elle n'a pas l'impression qu'ils en font dans beaucoup de domaines, des efforts. Mais c'est vrai qu'elle devrait s'en battre l'œil de la fidélité puisqu'elle est asexuelle. Jonas dirait qu'elle a intériorisé les valeurs dominantes. Peut-être, et alors ? Comme tout le monde, non ? Ce serait une tare, une maladie ? Et après tout, il est nécessaire de manger, pas de…

— … copuler ? Détrompez-vous. Ce que les femmes sont en train d'imposer aux hommes, c'est de jouer selon leurs règles. Mais les hommes ont besoin de chair, mademoiselle. Les hommes sont allumés par un beau fessier, un cou gracile, une poitrine épaisse. On ne peut aller là-contre, c'est génétique. Avant, ils avaient des maîtresses, allaient au claque ; tout le monde s'en accommodait peu ou prou. Aujourd'hui, les femmes, dans un souci d'égaliser l'inégalitaire, ne le leur permettent plus.

— Voilà des remarques bien misogynes…

— Parmi tous les partenaires que vous avez eus, combien avaient envie moins souvent que vous ?

Et dis-moi la vérité, petite cochonne, n'essaie pas de te défiler je vais te coincer de toute façon.

— Ça se canalise, une envie, non ? N'est-ce pas ce qui différencie les humains des animaux, la civilisation de la barbarie ? C'est trop facile de légitimer l'infidélité masculine par des causes biologiques.

— Vous savez très bien que c'est la vérité. Toutes les femmes le savent, jouent avec, s'adaptent. Mais voilà, c'est angoissant, cela menace l'équilibre de la société, sa cellule primaire : la famille. Auparavant, une certaine discrétion, une acceptation féminine tacite des… petits écarts, disons, permettait à l'ensemble de tenir vaille que vaille. Aujourd'hui, tout se sait très vite, tout s'étale, une bonne conscience hypocrite condamne immédiatement le fautif qui aura voulu échapper à la domination matrimoniale.

Je lis la panique dans tes turquines iris, poupée.

— Vous êtes sérieux ? Vous regrettez vraiment le bon vieux temps des amants dans le placard et des filles de joie ? Vous croyez qu'une société harmonieuse serait une société pleine de prostituées et de femmes trompées ?

— C'est déjà le cas, mon enfant. Je ne fais que constater un état que rien n'a modifié depuis des siècles et des siècles. Pourquoi ? Parce que les mâles sont encodés pour ensemencer de multiples partenaires.

—Vous parlez comme un manuel, Aymeric. Mais vous, comment définiriez-vous votre rapport aux femmes ?

—Un rapport de séduction, bien sûr. Je les voulais toutes. Je voulais voir leur culotte, toucher leur sexe, pétrir leur cul.

—Vous êtes malade…

—Nous sommes beaucoup de malades, alors. Et c'est nous qui faisons tourner le monde, Marguerite. Pourquoi croyez-vous que Bill Clinton, Benoît Courcel, DSK ou moi-même avons fait de la politique ? Pour forniquer tout notre soûl. Le pouvoir permet de rendre réelles nos pulsions. De leur donner corps. De concrétiser ces assauts de désir que le vernis de la civilisation —la bienséance, la politesse, la morale— contient tant bien que mal. Nous sommes désirés, des mâles alpha, des dominants. Et nous sommes intouchables.

Lorsque Marguerite rapporte à Jonas les propos d'Aymeric, elle est heureuse, et rassurée, qu'il s'insurge : « Tous des gros porcs ! » Ah, elle n'est pas folle tout de même ! Ce sont eux les anormaux ! Jonas ne parle plus d'assassiner Aymeric mais de le faire chanter. Ou d'attendre qu'elle ait assez de matière pour tout vendre à la presse et faire péter le système. Marguerite ne lui demande pas ce qu'il appelle « le système » mais elle n'a rien envie de faire péter. Et puis Aymeric et ses congénères n'ont pas l'air de craindre les journalistes, avec lesquels ils semblent même plutôt copains.

Jonas lui a acheté un bouquet aujourd'hui, assez moche, un truc tout fait sous cellophane, mais c'est tellement chou. Il a téléchargé un film qu'elle avait envie de voir depuis longtemps. Demain, elle lui préparera des lasagnes. Il s'est fâché un jour avec un de leurs amis qui ne trouvait pas très de gauche de pirater des films. La défense de Jonas n'avait pas été très convaincante (les gros studios qui s'en mettent plein les poches).

— Quand vous aurez compris que chaque homme est avant tout un mâle, reprend Aymeric, vous pourrez prendre position. Si je puis me permettre…

— Que voulez-vous dire ?

— Il ne sert à rien de nier. Il ne sert à rien d'interdire la prostitution, de pénaliser l'adultère. Il ne sert à rien de réprimer, sauf à vouloir engendrer des tarés et des violeurs. Les plus machos des hétéros sodomisent d'autres hommes, en prison. Pourquoi, d'après vous ? J'entends des femmes prétendre qu'elles sont les égales des hommes parce qu'elles aussi ont une sexualité débridée et épanouie, des aventures, des amants. Mais on ne parle là que de plaisir, pas de besoin. Les femelles ne seront jamais les égales des mâles sur ce plan-là, pourquoi ne pas l'accepter ? Peut-être qu'une nouvelle civilisation est en train de naître, avec des mâles moins… virulents, mais ce n'est pas encore pour demain. Pour l'instant, femmes et hommes jouent encore le même jeu qu'il y a dix mille ans. Ce n'est que cela, au fond. Plaire, séduire. Partout, l'air ne vibre que de charmes lancés, attrapés au vol, retenus, réfléchis par la surface des ego. Vous-même vous voulez plaire, Marguerite. Comme vous êtes timide et mal dans votre peau…

Elle ouvre la bouche pour protester. Aymeric lève la main pour l'en dissuader.

— … vous avez adapté votre stratégie en fonction de ces handicaps. Alors vous baissez les yeux, vous ne faites pas de bruit, vous vous habillez sans ostentation mais avec chic. Je me trompe ?

— Il n'est pas question de moi mais de vous. Votre rapport aux femmes ne me semble pas anodin. Il vous a peut-être structuré.

— Et vous allez me demander des nouvelles de ma mère, paix à son âme ?

Marguerite ne sait comment s'en sortir. Aymeric l'englue

dans ses raisonnements, patelin. Comment ce fichu livre va-t-il avancer s'ils ne parlent que de sexe?

—Vous êtes adorable : vous baissez les yeux quand vous dites « sexe ».

—Non! s'insurge Marguerite.

—Si. Et à présent, vous rougissez. Adorable. Sexe. Sexe, sexe, sexe.

—Arrêtez, c'est ridicule!

—Vous avez raison, pardonnez-moi. Mettons cela sur le compte de la sénilité, voulez-vous? Elle me rend facétieux parfois. Pas exactement l'image publique que j'avais, n'est-ce pas? Personne n'a jamais dit: « Delaroche, quel joyeux drille! », « Ah, DDM, ce fieffé boute-en-train! »

—Contrairement à Courcel.

L'œil du vieil aristocrate brasille de colère. La petite mousse de bave au coin de sa bouche le décrédibilise un chouïa, toutefois. Aymeric Delaroche de Montjoie et Benoît Courcel se sont détestés, trahis, méprisés durant plus de cinquante ans de vie politique. Ils appartiennent à la même famille libérale-gaulliste, l'un a été Premier ministre de l'autre, puis lui a succédé à l'Élysée. Aujourd'hui, ils se côtoient au Conseil constitutionnel, dont tous deux sont membres, Marguerite l'a lu sur Internet.

—Peut-être, mais Courcel est mort.

—Courcel est mort? s'étonne-t-elle. Je n'en ai pas entendu parler.

Aymeric cille. Il hésite.

—Bah, qu'importe! Vous n'êtes ici pour parler de Benoît Courcel, si?

—Non. Mais je vous assure qu'il est bien vivant.

—Ah bon? C'est déplorable. Vraiment déplorable.

La porte du bureau s'ouvre sur Hans.

—Bonjour, monsieur, lui lance Aymeric.

On dirait qu'il se demande qui c'est ; que Hans lui est familier mais qu'il ne le remet pas.

— Mademoiselle Santa Lucia, je vais vous raccompagner, annonce le majordome. Monsieur le Président est un peu fatigué. Si vous voulez bien me suivre.

— Fatigué ? Je ne suis pas fatigué du tout, enfin ! Qui êtes-vous pour oser parler en mon nom ?

Le clignement de paupières de Hans, accompagné d'un petit mouvement de tête, est plus impérieux qu'un ordre aboyé ou une poigne sur le bras. Marguerite se lève, salue Aymeric et sort de la pièce. Hans la raccompagne jusqu'au vestibule d'entrée.

— Il croit vraiment que Courcel est mort ?

— À demain, mademoiselle.

Il referme la porte et lève les yeux sur la longue pendule en bois qui tictaque dans l'entrée. Berthier ne va pas tarder à lui téléphoner pour prendre des nouvelles. Hans éludera une fois encore. Combien de temps pourra-t-il se désarticuler entre deux loyautés ?

Son cerveau se montre incapable d'appréhender le découpage temporel calendaire, ce qui ne facilite pas la continuité narrative. Elle ne parvient pas à ordonner les événements en une succession sinon à se référer à des points de repère, des balises immuables qui clignotent dans l'océan sombre de la chronologie : la mort de son père, sa rencontre avec Jonas, l'année de son bac. Tout se mélange en un *continuum* fadasse, chaque journée ressemble à la précédente, la suivante les copie, fainéante. Seuls changent les épiphénomènes, les petites phrases des personnalités médiatiques, les lieux des conflits et la température extérieure. Sinon, c'est le même bout de chemin vers rien, choisir ses vêtements, interviewer le vieux, voir ses copines ou pas, y'a quoi à la télé ce soir ?

Marguerite regarde son cul plat dans la psyché. Aymeric aurait-il eu envie de la saillir s'ils s'étaient rencontrés trente ans plus tôt ? Oui, sans doute, comme toutes les autres. Son petit bidon passe presque inaperçu grâce à ses seins, qui ne se tiennent pas trop mal. « J'adorerais avoir tes nichons ! », clame souvent Caro. Ils seraient plus heureux sur elle, c'est sûr. Palpés, caressés, léchés, pincés, ils se sentiraient utiles, vivants. Aymeric affirme que ses plus beaux souvenirs sont érotiques.

— Rien dans ma vie, rien, vous m'entendez, n'a jamais égalé le frisson d'Éros. Je ne parle pas de l'assouvissement, pas seulement, mais de tout ce qui précède, de tout ce qui accompagne, entoure.

— Et la naissance de vos enfants ?

— *Pfff...* Une joie, bien sûr. Mais rien de comparable. Rien de comparable, croyez moi.

Le frisson d'Éros... Elle a failli éclater de rire. Il faudra qu'elle en parle à Jonas, ça va le faire marrer.

*

Jonas enfile à même la peau un pantalon de toile taille basse, près du corps mais pas trop moulant. Son pénis pend le long de sa jambe, oblongue protubérance. Lorsqu'il veut mettre le paquet en avant, il porte un slip ou un boxer. Cela dépend de son humeur du jour et du lieu où il va muser.

Ciel bas, crachin, direction le quartier des Grands Magasins. Il enfile son vieil imper trois-quarts, qu'il boutonne. Dans son quartier, il ne tient pas à se faire remarquer. Un gros quart d'heure de scooter plus tard, il range casque et imper dans le coffre sous la selle et entre dans les Galeries Lafayette. Comme à chaque fois, son cœur bat fort. Une griserie divine allège sa démarche. Il flâne quelques instants et jette son dévolu sur le *corner* d'une marque tendance à visées haut de gamme. Pas de clients et une vendeuse désœuvrée d'une quarantaine d'années : parfait. Commencer à regarder les pantalons, en prenant bien soin de ne pas lui tourner le dos. Le « je peux vous aider ? » ne devrait pas

— Je peux vous aider ?

Excellente réactivité. Le petit coup d'œil vers son entrejambe n'a pas échappé à Jonas.

— C'est une coupe droite, celui-ci ? demande-t-il en désignant un pantalon.

— Oui. Vous pouvez essayer si vous voulez. Quelle taille ?

Il explique qu'il est entre 35 et 36. Il choisit deux autres modèles, également dans deux tailles différentes, et se dirige avec ses six pantalons vers la cabine, escorté par la vendeuse. Il prend bien soin de refermer entièrement le rideau et enfile un pantalon en 35. Sans surprise, il est un peu trop petit. Sans surprise, sa verge se dessine sous le tissu tendu. Il patiente quelques secondes pour faire redescendre son pouls et sort de la cabine. Affectant la décontraction, il se plante devant le miroir en pied.

— Un peu juste, non ? sollicite-t-il la vendeuse, qui a les yeux fixés sur son sexe dans le miroir.

— Hein ? Heu… Oui, on dirait.

Il pivote un peu le buste, comme s'il regardait ses fesses.

— Je vais essayer le 36.

Il rentre dans la cabine et cette fois ne ferme pas complètement le rideau. Si elle regarde dans le miroir, la vendeuse peut l'apercevoir ôter le pantalon, le replier avec soin, le mettre sur son cintre, puis enfiler le 36. Il ose un furtif coup d'œil. Elle regarde. Une giclée d'adrénaline l'électrise. Rester impassible. Sortir de la cabine.

— Je crois que c'est mieux.

— Il vous va très bien.

Le contraire l'aurait étonné, mais certains clients doivent s'y laisser prendre. Lui n'a pas d'avis sur ce pantalon, que de toute façon il n'a aucune intention d'acheter. Pas plus que les autres, qu'il essaiera selon le même manège, en laissant chaque fois un peu plus entrebâillé le rideau. La fausse blonde se régale dans le miroir. Alors il fait un peu traîner, en prenant garde de bander. Hésite-t-elle à le rejoindre dans la cabine ? C'est l'inconvénient des *corners,* le manque d'intimité. Dans une boutique, la vendeuse aurait peut-être tenté sa chance. Pas pour une étreinte vite fait, non. Ce qu'elles veulent, en général, c'est toucher. Prendre en main. Caresser. Faire grossir. Jonas n'en demande pas plus. Il lui est arrivé de jouir. Il est tellement excité quand, alors qu'elle risque peut-être son job, le scandale, les remords, la femme ose lui demander : « Je peux ?... », ou pose la main sans préavis sur son pénis. Une belle cinquantenaire hiératique, rue des Canettes, avait joué avec lui, le frôlant sous prétexte d'ajuster le pli du pantalon ou de voir s'il n'était pas trop serré à la taille, lui proposant une « coupe plus discrète, peut-être... », pour finir à genoux devant lui, pull relevé sur sa poitrine galbée de dentelle. Il ne recherche pas cet assouvissement, ne suggère jamais le contact. Il lui est aussi arrivé de se faire humilier. Il se souvient d'une commerçante qui avait soupiré et ostensiblement levé les yeux au ciel, avant de poser sur lui un regard mi-narquois mi-méprisant, castrateur au plus haut degré. Une autre avait ricané, appelé son collègue (« Kévin, tu peux t'occuper de monsieur ? Il a bien besoin d'aide ! »), puis s'était éloignée en secouant la tête. La honte qui saccage tout, alors, et il s'en veut, et il se trouve ridicule, le mâle basique dans toute sa bassesse ; il se jure que c'était la dernière fois, promis, mais ne peut s'empêcher de recommencer. Après tout, il ne fait rien de mal, si ? Au début, il commettait l'erreur de choisir des vendeuses trop jeunes. Les gamines s'empourprent, se décontenancent, tournent la tête, paniquent. Ou se moquent, comme cette jolie métisse asiatique qui lui avait lancé, goguenarde : « Bel engin. Difficile à manœuvrer, non ? » Pour le coup, c'était lui qui avait rougi. Aujourd'hui, il a pris son *shoot.* La voyeuse a encore le rose aux joues quand il émerge de la cabine.

—J'aime bien le bleu, dit-il avec un sourire sérieux. Je pense que je repasserai.

Sur le trajet de retour à l'appartement, Jonas pense déjà à la séance de webcam à venir. Son sexe palpite contre sa cuisse. À un feu rouge, alors que sa jambe droite posée à terre tend le pantalon et fait saillir son membre, il remarque le regard de la conductrice du petit 4x4 arrêté à côté de lui. Elle se passe la langue sur les lèvres en fixant la bosse. Provocant, il pose la main droite sur le renflement et, d'un petit mouvement sec vers l'arrière, se décalotte à travers l'étoffe. Son gland se dessine alors nettement. La femme pose la main sur son sein. Coups de klaxons virulents. Jonas fait un clin d'œil à la conductrice et démarre, à moitié en érection, investi d'une toute-puissance immémoriale et sacrée. Lorsqu'il ouvre la porte de l'appartement, il est Priape, Freyr, il est

—C'est toi, Lapin?

Putain, cette manie de l'appeler Lapin! Oui, c'est lui, qui veut-elle que ce soit? Quelqu'un d'autre a les clés, à part lui? Non. Donc c'est lui. Et il n'est pas «Lapin».

—Oui.

Qu'est-ce qu'elle fout à la maison, il croyait qu'elle en avait pour la journée à interviewer son vieux facho?

—Aymeric s'est senti fatigué, son secrétaire particulier m'a demandé de le laisser se reposer.

Marguerite apparaît au bout du couloir et s'approche pour l'embrasser. Il ne fait même pas l'effort de desserrer les lèvres.

—T'étais où? s'enquiert-elle.

Qu'est-ce que ça peut lui foutre? Il se souvient qu'il a dit qu'il ferait les courses. Peut-on lui en vouloir d'avoir préféré aller vérifier qu'il était toujours vivant?

— Je suis sorti pour faire les courses mais j'ai oublié la liste.

— T'es beau avec ce trois-quarts. Je l'adore.

— Il est vieux.

— Il te va bien.

Elle se colle à lui maintenant et l'embrasse dans le cou, sur le menton. Elle sent la vraie vie, le café froid et un mélange de lessive et d'eau de parfum hors de prix. Après la satellisation que lui a offerte la vendeuse — ses tétons pointaient sous son chandail, bordel, comme c'était beau ! —, l'imminence des caresses prévisibles et nigaudes de Marguerite l'abat. Et puis pas question qu'elle le trouve nu sous ce pantalon dans lequel elle ne le voit jamais. Il se dégage.

— Je vais y aller avant le rush. Je déteste attendre aux caisses.

Il ouvre la porte d'entrée.

— Et la liste, Lapin ?

Jonas sort. Il aurait pu être plus gentil avec Marge, mais elle l'agace tellement avec sa candeur gourde et ses sourires godiches. Elle devrait s'estimer heureuse d'avoir un mec comme lui. Un mec tout court, d'ailleurs. Qui supporte son bordélisme, ses fringues — des tonnes et des tonnes de robes, chemisiers, vestes, chaussures —, sa manie de ne pouvoir s'endormir sans lire, son cul peau d'orange. Alors penses-y, Marge, quand tes yeux me disent que je t'aime de traviole. Réjouis-toi de ma présence au lieu de te plaindre en silence. C'est fou d'avoir une mère aussi dynamique, rebelle, bandante et d'être aussi quelconque. Elle ne lui a rien pris. « C'est son père tout craché ! » dit souvent Billie. Jonas comprend qu'elle se soit barrée si le daron ressemblait à ce qu'est devenue la fille. Oui, bon, il exagère. Il est mauvais parce qu'il aurait voulu se pogner tranquillos en se faisant reluquer sur KaMaSturba. Allez, il va acheter le chocolat préféré de Marge, celui avec les raisins et les noisettes entières. Avec un peu de chance, la petite étudiante aux bras tatoués sera derrière une caisse — Jonas est certain qu'elle a un peu maté, la dernière fois.

Pourrait-il essayer d'évoquer son exhibitionnisme *soft* avec Marge ? Après tout, ce penchant fait partie de sa personnalité. À prendre ou à laisser. Est-ce qu'il ne peut pas ou ne veut pas y associer Marge ? S'il le fait, il prend le risque d'altérer son propre plaisir. Irrémédiablement. S'il essaie de la partager, cette splendide excitation perdra de sa pureté. Il y aura des mots. Il y aura le jugement de Marguerite. Sa mansuétude ou sa compréhension. Ou son rejet muet, lèvres pincées. Non, il ne peut pas en parler avec elle parce qu'il ne pourrait rien expliquer, seulement livrer du brut, du factuel : montrer mon sexe m'exalte. Ce qu'il ressent ce faisant échappera toujours à toute appréhension. Un peu comme la caissière tatouée de la supérette, au coin de la rue, là sans exister, présente et hors d'atteinte. Marge et son snobisme alimentaire auraient préféré qu'il aille à la boutique bio. Comme si ça changeait quoi que ce soit au destin du monde de manger bio. De toute façon c'est trop loin, et il n'y a que des mecs à dreadlocks aux caisses.

Les deux copains discutent à bâtons rompus, quelle connerie cette interdiction de fumer dans les bars, je serais patron je ne paierais plus mes impôts, faut pas abuser, c'est chez moi, c'est ma thune, je fais ce que je veux, il paraît que tous les mégots qui sont jetés dans les rues passent dans les égouts et que du coup l'eau qu'on boit est super polluée. Ah tiens, t'as vu ces dauphins qui sont massacrés en Suède, c'est vraiment dégueulasse. C'est pas en Suède, t'es con, c'est en Autriche, un truc comme ça. Ouais t'as peut-être raison, les Autrichiens, c'est des nazis de toute façon, d'ailleurs tout le monde a envie de se taper une Italienne ou une Suédoise mais j'ai jamais entendu personne avoir envie de baiser une Autrichienne.

L'un des deux s'appelle Lilian. Marguerite aime bien ce prénom, mais à cause de ce crétin qui voit des dauphins en Autriche, elle ne pourra jamais prénommer ainsi un de ses fils. Ils descendent du bus à Saint-Lazare en continuant à parler fort, se retournent comme un seul pour zieuter les fesses d'une jolie Black — ils n'ont pas accordé un regard à Marguerite quand elle est montée.

Elle ne prend plus le métro, à cause des mendiants et des quêteurs, des bandes de Tziganes, ou Gitans, ou Roms, elle ne fait pas la différence, des effrontés aux cheveux noirs et raides dont la seule présence l'oblige à serrer son sac contre elle, à garder les yeux baissés, sans cesse sur le qui-vive. Elle vote socialiste et aimerait croire que ces petits groupes au parler guttural et aux blousons crasseux ne font de mal à personne, que les médias effraient le peuple, comme le serine Jonas, et qu'il faudrait aider ces Roumains (?) à s'intégrer au lieu de les stigmatiser. Oui, elle aimerait bien mais elle est trouillarde. Toutes les filles, même les insignifiantes comme elle, se sont fait emmouscailler au moins une fois dans le métro. Il paraît que dans les pays nordiques comme le Danemark on ne voit pas de mendiants ; ils sont un peu de gauche, au Danemark, pourtant, non ? Elle se déplace en bus et en tram désormais. Elle se concentre sur la conversation des deux mamies derrière elle. L'une des deux a reçu une carte postale, c'est l'événement interstellaire du siècle pour elle, pensez-vous, je n'en avais pas trouvé dans ma boîte depuis des années, il n'y a plus que des factures maintenant.

— Et encore, renchérit l'autre, avec leur Internet, on n'envoie plus rien par le courrier. À se demander pourquoi on paye encore des facteurs.

— C'est une banque, maintenant, la Poste. Allez comprendre... Il n'y a même plus de cabines téléphoniques dans Paris. C'était bien pratique, pourtant.

— Oh j'aime autant mon téléphone portable. Quand même, on en aura vu du progrès. Mon pauvre Bernard n'aura pas connu tout ça. Il aurait été bien empoté avec cette technologie. Il ne savait rien faire de ses dix doigts mais alors, quel grand esprit !

— Moi j'aimais bien le petit facteur qui faisait de la politique ; comment s'appelait-il déjà ?

—Arlette Laguiller ?
—Non, elle c'était une banquière.
—Oui mais c'est pareil maintenant.
Elles pouffent toutes les deux. Marguerite voudrait bien une telle grand-mère ; même une mère. Une maman heureuse de recevoir des cartes postales, qui lui ferait la cuisine quand Marguerite vient la voir au lieu de commander chez le traiteur. Une maman qui ne serait pas persuadée qu'il y a eu un complot au plus haut niveau de l'État pour faire disparaître Daniel Balavoine, Michel Berger, Thierry Le Luron, Coluche, Pierre Desproges, tous ces artistes qui dérangeaient parce qu'ils avaient une conscience politique.
—Michel Berger, une conscience politique ? a ricané Jonas. Et Mike Brant aussi ?
—T'as écouté les paroles de *Mademoiselle Chang ?* a répliqué Billie.
Elle maîtrise son sujet.
—C'est vrai que ces gens-là dérangeaient, a concédé Aymeric.
—Ne me dites pas que vous les avez fait assassiner ?
—Moi, non.
—Arrêtez, vous me faites marcher !
—Vous auriez tort de croire que j'avais connaissance de tout ce qui se tramait au nom de la sécurité du pays. Beauveau comme les préfets de police ont toujours préféré Corynne Charby à Renaud ou Balavoine.
—Corynne Charby ? Vous connaissez Corynne Charby ?
—Mais oui, Marguerite. Je peux même vous en fredonner un air si vous le souhaitez.
Entendre Aymeric Delaroche de Montjoie chanter *Boule de flipper* restera comme un moment rare de son existence. Le bougre connaissait l'intégralité des paroles (« Savez-

vous que c'est Christophe qui a composé cette chanson ? Oui, le Christophe des *Mots bleus* et d'*Aline !* »), et ils ont terminé en duo, dansottant dans le salon, avant qu'Aymeric ne file chercher son banjo.

— Celui du réveillon avec les balayeurs de Lyon ? a demandé Marguerite, à qui Jonas avait narré en ricanant l'anecdote.

— Mais oui, mon enfant, mais oui.

« Mon enfant... » La vache, le coup au plexus ! Marguerite réussit à masquer son trouble.

— Vous lui faites beaucoup de bien, lui a glissé Hans à l'oreille en la raccompagnant.

Elle aussi retire un immense plaisir de ces séances avec l'ancien président. C'est presque comme si elle rendait visite à un ami, un ami qui se sentirait trop seul dans sa grande maison vide. Elle oublie souvent la raison de ces tête-à-tête, d'ailleurs, et n'a presque rien écrit. Elle n'a pas encore osé demander au majordome si Aymeric est malade. Il mélange des souvenirs parfois, s'embrouille dans les dates, a oublié ce qu'ils se sont dit la veille. Leurs conversations sont-elles enregistrées ?

Les deux mamies descendent du bus. Le passage de l'enfance à l'âge adulte dont beaucoup font si grand cas ? Marguerite n'a rien senti. Est-ce pareil quand on devient vieux ? Aymeric dit que vieux, c'est comme con, valable seulement pour les autres, à la différence que vieux, on finit toujours par s'apercevoir qu'on l'est. Marguerite va envoyer une carte postale à sa grand-mère, là-bas, du côté de Jaligny-sur-Besbre. Elle y est allée en vacances, toute petite. On lui parlait de René Fallet et Georges Brassens, avec lesquels son père avait passé quelques soirées mémorables. Il paraît qu'à 5 ans, elle chantait *Hécatombe* à tue-tête et a cappella devant ses gourmés grands-parents maternels. Elle disait : « C'est une chanson de tonton

Georges» et avait demandé à sa grand-mère horrifiée ce que signifiait: «Leur aurait même coupé les choses / Par bonheur ils n'en avaient pas». Plus tard, elle a lu l'exemplaire de *Paris au mois d'août* dédicacé par l'auteur. Elle a beaucoup aimé ce roman mélancolique. Il faut qu'elle retourne à Jaligny. Qu'elle entende ses grands-parents lui parler de ce père qu'elle n'a pas assez connu. Qu'elle trouve leur adresse d'abord, inutile de compter sur Billie pour la lui donner.

Celle-ci a un nouvel amant. Marguerite l'a rencontré à Neuilly. Comme à chaque fois que Billie s'absente — pour aller voir un copain à Ibiza, assister à un vernissage à Frisco ou pour une escapade à Capri —, elle a demandé à sa fille de s'occuper de ses chats. «Trois ou quatre jours, peut-être cinq.» Elle n'a pas confiance en Petra, sa femme de ménage depuis dix ans. Un jour, c'est une perle, le lendemain une sagouine qui ne comprend rien à ce qu'on lui demande. Redford, Marcello et Gena, les chats de Billie, possèdent leur propre chambre dans la maison et mangent des langoustines fraîches.

Le cinquième jour, dans le jardin, une voiture. Dans le salon, un homme. Grand, costaud, la peau mate, les cheveux ras. Il ressemblait à un acteur américain. Mais si, celui qui joue dans le film, là, avec des terroristes… Ah, zut!... Ils étaient aussi étonnés l'un que l'autre de se retrouver face à face.

— Je pensais que c'était Billie qui rentrait.

— Qui êtes-vous?

— Et vous?

— Marguerite, sa fille.

Il devint soupçonneux. Crotte de crotte, c'est quoi le nom de cet acteur? Il a été marié avec une actrice brune. Une grande, qui sort désormais avec un mec beaucoup plus jeune…

— Elle ne m'a jamais dit qu'elle avait une fille.

Grand classique de sa mère. En avouant qu'elle a une fille de 32 ans, Billie craint que les hommes ne la pensent plus âgée que ce qu'elle voudrait qu'ils croient. Une fois, elle l'a même entendue dire à un amant : « C'est drôle que tu me demandes si c'est ma fille, on la prend pour ma sœur d'habitude. Je l'ai eue très jeune, il faut dire. » Tu parles ! À 35 ans !

— Vous voulez voir mes papiers ? Alors, qui êtes-vous ?

— Jacek.

— Où est ma mère ?

— Partie faire une course. Le vétérinaire. Un de ses chats.

— J'ai l'impression que Redford boite, dit Marguerite en imitant le ton haut perché et le débit rapide de sa mère. Chérie, tu ne trouves pas qu'on dirait qu'il boite ? Si, si, il boite, je te jure. Je vais l'emmener chez ce voleur de véto.

Jacek esquissa un sourire, ce qui accentua sa ressemblance avec... Son prénom commence par un F. Ou un V. Très court. Une syllabe. Il joue aussi un mec qui travaille sur des plateformes pétrolières et qui sauve le monde à la fin.

— C'était Marcello. Je ne trouvais pas qu'il boitait, moi.

— Je soupçonne les chats parfois de faire semblant d'être malades juste pour embêter ma mère.

Jacek se contenta de hocher la tête. Son regard mettait Marguerite mal à l'aise. Il s'en dégageait la même violence contenue que dans sa silhouette. Il avait une présence imposante, brute. L'adjectif « viril » lui traversa l'esprit. L'image de cet acteur américain aussi.

— Bon, j'y vais, lâcha-t-il.

— Je ne vous chasse pas, hein.

Il n'eut besoin que d'un à peine perceptible haussement

du sourcil droit pour lui faire comprendre à Marguerite qu'il n'était pas le genre de type qu'on chassait. L'inverse, plutôt.

—Et puis si ma mère est là, je n'ai aucune raison de rester, reprit-elle. D'autant que ça va sûrement être de ma faute si Marcello boite : je m'en suis mal occupée, comme d'habitude.

—Elle a dit que c'était sa secrétaire qui s'était occupée de ses chats.

Il sortit du salon. Sa « secrétaire » ?... Marguerite le suivit jusqu'à sa voiture.

—Comment avez-vous rencontré ma mère ?

Il répondit par un demi-sourire, ouvrit sa portière, monta, claqua la portière, démarra, recula, s'arrêta, baissa la vitre.

—Vous lui demanderez.

Il eut un petit mouvement de la tête, enclencha la première, avança dans l'allée.

—Attendez ! cria Marguerite.

Le véhicule s'immobilisa. Elle le rejoignit en trois foulées.

—Vous me donnez votre numéro ?

Il plissa les yeux. Bruce Willis ! Il ressemble à Bruce Willis. Oui, bon, d'accord, ça ne commence ni par un F ni par un V... Lentement, il extirpa un bout de papier du foutoir qui couvrait le siège passager, prit un stylo dans son vide-poches et nota un numéro, qu'il lui tendit sans un mot. Puis s'en alla. C'était la première fois de sa vie que Marguerite demandait un numéro de téléphone à un homme. Sa « secrétaire » ?... Ses yeux picotaient. Pas question que Billie la trouvât en train de chialer. Elle remonta dans la maison chercher son sac.

—Un super coup !

—Maman !

—Quoi ? Et puis c'est utile : il est flic !

— Je me fiche de tes histoires de fesses. Je ne veux pas le savoir.

— Personne ne dit plus « histoires de fesses », ma chérie. Ce que tu peux être coincée ! Il te baise plus, Jonas ?

— Maman !

— Maman, maman, maman… On ne peut pas être copines, toi et moi ? Les copines se racontent leurs plans cul.

— Pas moi. Et tu n'es pas ma copine, tu es ma mère.

— Tu me fais peur, parfois, ma chérie. On dirait ton père : le même balai dans le

— Arrête !

Bien sûr que sa mère l'aime. De guingois. Elle a peur de mourir. Comme Aymeric.

Le bus s'arrête dans le grand *pfffffuit* d'air comprimé des portes qui s'ouvrent. Encore sept stations avant d'arriver chez Aymeric. Elle a le temps de bouquiner un peu.

Pour sûr, sa passion de la lecture ne lui vient pas de Billie, qui n'a pas dû ouvrir un livre depuis la mort de Pompidou. Enfin si, elle lui vient de Billie. Qui la posait n'importe où, dans un coin isolé de préférence, parce qu'il est plus difficile de ramener un mâle à la maison avec un marmot dans les jambes. Défilés haute couture, boutiques de luxe, avant-premières, *afters,* « Tu ne bouges pas, ma chérie, maman revient bientôt. Sois sage, hein ? » Des heures et des heures. Alors quand Billie a compris que sa fille pouvait disparaître dans un livre, elle a exploité le filon, lui fourrant entre les mains tout et n'importe quoi, elle ne choisissait pas (elle avait autre chose à faire). Ces baby-sitters imprimées permirent à sa mère de l'oublier sans culpabiliser, parfois toute une nuit, dans une loge de théâtre ou une chambre d'amis. Marguerite a commencé à réclamer tel ou tel type de livre, puis très vite s'est fait allouer un budget. « Qu'est-ce que tu trouves de si passionnant dans ces bouquins ? lui demandait Billie. C'est pas ça, la vie ! » Mais si la vie c'était parler des garçons avec les filles de son âge, très peu pour elle.

C'est à l'adolescence et à Nice, où elle était hélas en vacances chez ses grands-parents maternels, que Marguerite a découvert, par hasard, que tous les auteurs n'étaient pas morts. Billie avait disparu en Sicile avec un chanteur sur le retour. Marguerite avait lu dans le quotidien régional, parcouru chaque jour par désœuvrement, que se tenait un « Festival du livre ». Mue par ce même désœuvrement (alourdi de chaleur passé midi), elle s'y était rendue. Pour constater que, non contents de ne pas être morts, certains auteurs étaient même jeunes — voire mignons. Ensuite, elle a fréquenté pendant une dizaine d'années ce genre de manifestations, et rangé pieusement chacun de ses nouveaux romans dédicacés à côté des Fallet et Blondin de son père. Elle a arrêté parce que Jonas, qu'elle venait de rencontrer, trouvait « naze de se taper quatre cents bornes dans le week-end pour faire la groupie devant de pseudo-intellos. » Ils parcouraient ensemble les quatre cents kilomètres pour assister à des conventions autour des jeux vidéo. Pendant que Jonas retrouvait ses copains *gamers,* elle lisait en terrasse. Elle trouve ça positif que son mec ait une passion. Et des avis tranchés. Même si elle est persuadée qu'on peut très bien vivre heureux sans opinions.

Au Mans, quelques années auparavant, elle s'était trouvée assise au restaurant juste derrière une tablée d'auteurs présents à La 25e Heure du livre. Pendant plus d'une heure, les huit convives n'avaient parlé que d'alliances avec des journalistes, de stratégies, avaient échangé des histoires sordides de copinage, d'inimitiés, de prix littéraires et n'avaient eu de cesse que de dézinguer leurs concurrents (« concurrents » !). Rien sur l'écriture, le style, la langue. Rien sur leur travail. Rien sur leurs lectures. Mesquineries et jalousies. L'un d'eux avait avoué que son roman à paraître était « une saga familiale tragique, avec *coming out* d'une tarlouze et un peu de pédophilie. C'est ce qui marche en ce moment. Mais il faut une belle histoire d'amour au milieu et une fin ouverte. » Il s'inspirait d'un fait divers. L'après-midi même, dans les allées du salon, Marguerite n'avait plus vu que des petits nombrils pérorants, bouffis de suffisance, qui hélaient le chaland pour faire l'article. Cet événement traumatisant avait donné naissance au premier article de son blog ; elle n'avait plus jamais lu de la même manière, ne manquant pas une occasion de tailler des croupières à ceux qu'elle appelait « les fonctionnaires de la littérature. »

— Ce n'est pas une insulte, « fonctionnaire » !

Heureusement, Jonas n'a jamais lu son blog. Elle y traque la facilité et la désinvolture, les récits sans imagination, les auteurs qui laissent croire qu'il suffit de faire vibrer la corde sensible pour élaborer un bon roman. Elle oppose ce qui transporte, embarque, ce qui donne et partage à ce qui endort et lénifie. Elle n'hésite pas à éreinter, aussi ne lui a-t-on jamais — contrairement à d'autres blogueuses plus gentilles qu'elle — proposé de recevoir les romans à titre gracieux, de rencontrer les auteurs, d'avoir une chronique à la télé, une pastille à la radio, et aucun grand média ne lui a offert d'héberger son site.

— Tu te démerdes vraiment comme un manche.

Je sais, Jonas, je sais... De toute façon, Marguerite lit beaucoup moins depuis que se succèdent les séries télévisées addictives. Son blog est presque en jachère. Lire, écrire, ces activités prennent trop de temps, demandent trop d'efforts. Pourquoi ne pas accepter qu'on est passé à autre chose ? Aux écrans.

Elle fait tourner entre ses mains le roman qu'elle a mis dans son sac ce matin avant de partir. Elle l'ouvre. Parcourt quelques lignes. Ne comprend rien. Elle a oublié ce qu'elle en a déjà lu. Elle dort mal, ces temps-ci. Non, elle a toujours mal dormi. Et elle a une poussée de psoriasis. Et si, comme le soutient Billie, elle était stressée ? Pourtant, elle n'a aucune raison de l'être. Elle marque sa page à l'aide d'un bout de papier. Avec un numéro de téléphone. Elle s'interroge une seconde. Ah oui, Jacek, l'amant de sa mère.

*

Billie, c'est une soupape. Comme beaucoup de flics, il s'est marié jeune. Les enfants sont venus très vite. Il s'en est à peine rendu compte. Il se souvient seulement qu'à chaque fois, il a fait semblant d'être heureux ; plus ou moins bien. Il n'a toujours été que flic, jamais père ni mari. Le métier est tellement dégueulasse, poisseux à force d'être en contact avec le pire de l'humanité, que très vite on construit un abri sain où se réfugier. Une famille. Tout en ignorant la mauvaise raison pour laquelle on le fait : donner la vie parce qu'on côtoie la mort. L'explication peut paraître sommaire à qui ne connaît pas le terrain. À ceux qui n'ont jamais vu une pute éviscérée, une balance la langue et les couilles coupées ou un gamin la tête explosée à bout portant. Ceux-là n'ont jamais perdu un copain tombé pendant une opération parce qu'un fourgue sous amphés a défouraillé au hasard. Ils réfléchissent. Ils théorisent. Jacek, lui, parcourt les canalisations engorgées de l'âme humaine. Alors oui, il avait déjà deux mômes à 25 ans et une femme craquelée par ses sautes d'humeur, ses absences, les appels en pleine nuit. Une femme infectée par l'odeur des bas-fonds, dont la viscosité empoisse les nerfs. Elle a essayé de comprendre, de s'y faire ; elle est devenue un déversoir à sa misanthropie, il ne lui parle plus, de toute façon ils se croisent à peine, c'est la nuit que sortent les monstres et elle, la nuit, elle dort. Comme les gens que Jacek voulait protéger quand il est entré dans la police, qu'il a cru pouvoir protéger pendant les premières années, branleur idéaliste. Un justicier, tu parles ! Il n'est qu'une vacillante bougie parfumée dans un cloaque. Il ne protège personne, il s'éloigne de sa femme, oublie les anniversaires de ses gosses — qui ne lui adressent plus la parole depuis longtemps. Il boit. Il prend de la cocaïne régulièrement. Il baise avec Billie, avec des putes. Il ne protège personne et connaît le goût du canon de son flingue. Il n'a jamais pu appuyer. Chaque fois, l'index va un peu plus loin dans sa course. Quelques millimètres. Et puis l'image. Gégé. Pas une image de sa femme ou de ses gosses. Non, celle de P'tit Gégé la gueule tordue posée dans l'informe soucoupe de son propre sang figé, des bouts de cervelle et de crâne en auréole mouchetée sur le mur au-dessus de lui. P'tit Gégé qui lui devait encore cinq plaques, les courses et le poker, impossible de lui refuser un prêt quand il t'alpaguait avec son air penaud — Jacek l'avait vu faire chialer des tapins rechapées qui en avaient creusé, du bitume. Aux infos, on dit : « Encore un policier qui se donne la mort avec son arme de service. » Puis : « En Ligue des champions, le PSG bat l'Ajax Amsterdam. »

Jacek n'est pas très foot. Pourtant il en a sorti plus d'une de la mouise, de ces starlettes gominées à crampons, crétins décérébrés chopés au milieu d'*escorts* pas toujours majeures, sans permis au volant d'un bolide, queue à l'air dans le Bois de Boulogne. Il ne l'a pas fait par pitié ou bienveillance, non, juste les ordres venus d'en haut. Du Qatar, via la mairie de Paris. Putain, il ne protège personne, sauf du scandale des millionnaires tripoteurs de ballon rond ! C'est pour *ça* qu'il a perdu sa femme et jamais rencontré ses gosses ? Pour protéger de l'infamie une tantouze brésilienne flouée par deux petites fiottes qui ont filmé leurs ébats à trois ? C'est pour voir Bernie-le-Dingue, au moins trente macchabs sur la conscience, libéré après même pas trois mois de ballon pour vice de procédure, qu'il n'a plus de vie sociale ? Il la comprend, l'auréole de cervelle pulvérisée de Gégé. Putain, oui, il la trouve même jolie, parfois. Tentante. Il oscille sur une ligne de crête. Pourquoi rester en équilibre plutôt que basculer quand plus rien n'a de sens ? D'un côté le canon de son flingue, de l'autre l'apocalypse — puisque de paradis il ne semble être question.

L'apocalypse, mais pas tout seul. Certains semblent être à l'œuvre. Une intuition. Née sur une piste qu'il suit depuis des années. Une trentaine de morts en presque trente ans qu'avait reliés un de ses anciens collègues, Freddy Galoso, dont personne au 36 n'a jamais pris au sérieux les hypothèses. Même quand on l'a repêché dans la Seine, noyé au volant de sa bagnole. Jacek a repris l'enquête en secret. Ce qui ne l'a pas aidé à trouver du temps libre pour sa famille. Ouais, quelque chose l'excite dans ce qu'il pressent. Il a patiemment accumulé les informations dans des chemises en papier semi-rigides qu'il pique au commissariat. Jamais le même mode opératoire, mais les morts sont toujours des hommes liés de près au pouvoir politique, corrompus ou présumés tels, passés entre les mailles des filets de la justice. Peut-être une raison de rester debout. De ne plus mordre le canon de son flingue.

Il veut des œufs brouillés et du bacon *crispy*, un assortiment de fromages artisanaux, du pain et des viennoiseries du jour, thé et café, müesli suisse avec fruits secs et pépites de chocolat, de la faisselle, du sucre de canne, des confitures maison, du miel de châtaignier. À huit heures tapantes, rien ne doit manquer sur la table, surtout pas les fruits frais en salade, quand M. Delaroche de Montjoie descend, lavé et habillé — Brigitte, la femme de chambre qui l'aide, a interdiction d'expliquer en quoi consiste sa tâche. La plupart du temps, il mâchouillera une ou deux petites galettes bretonnes pur beurre, qu'il aura amollies dans un lait chaud, puis, des miettes plein son veston, décrétera qu'il n'a plus faim. Toutefois, le jour où le boulanger n'aura livré que des pains au chocolat et des croissants, il aura envie d'un pain aux raisins. Chaque matin, Hans, debout dans l'office, partage avec le cuisinier, la femme de ménage et Brigitte le festin inentamé.

Ce matin, Berthier l'a appelé au moment où il débarrassait; ça a mis le vieux en rogne —Hans avait oublié d'enclencher la fonction vibreur de son portable.

—Qui vous téléphone à cette heure-ci ?

— Je ne sais pas, monsieur.
— Regardez !
— Ma sœur, ment Hans en regardant l'écran de l'appareil qu'il a sorti de sa redingote.
— Alors répondez !
— Cela attendra, monsieur.
— Répondez, Hans !
— Oui, Juliette ? fait le majordome en décrochant.

Berthier comprend tout de suite. Il le rappelle un peu plus tard. Veut savoir si la visiteuse vient aujourd'hui. S'inquiète de la réponse positive de Hans.

— Elle est inoffensive, monsieur, je vous l'assure.
— Une journaliste n'est jamais inoffensive.
— Elle n'est pas journaliste. Elle ne pose presque aucune question.
— De quoi parlent-ils ?
— Vous connaissez M. Delaroche : il fait le joli cœur, il s'intéresse à elle.
— DDM ne s'est jamais intéressé qu'à lui-même ! ricane Berthier. Et lui parle-t-il de...

Nina. Pourquoi cette vieille baderne de DDM parlerait-il de Nina ? Se souvient-il d'elle, elle qui n'existe plus ? Tout le monde l'a oubliée. C'était presque un ordre, à l'époque : ne plus en parler, ne plus l'évoquer, l'effacer.

— Lui parle-t-il de qui, monsieur ?
— Personne, Hans, personne. Tenez-moi informé.

Hans connaît l'histoire sans doute, même si lui aussi l'a reléguée dans les abysses de sa mémoire, à la lisière du vraisemblable, de la légende urbaine, du *hoax* politico-policier. Et ceux qui comme Berthier l'ont rencontrée, qu'elle a charmés (qui ne tombait pas amoureux de Nina ?), l'ont-il oubliée, eux aussi ? Lui a vu ce qu'il restait de son cadavre ; puis, des années plus tard à Nantes, a rencontré son veuf. Concentré de douleur. De rancune.

Que Berthier a pris en pleine gueule. Ils avaient dissous sa femme. Raison d'État. Nina. L'origine. Devenue sinon une obsession du moins le visage de sa culpabilité, celle qui sans le savoir lui a donné des armes pour expier ses péchés. Se racheter.

—Vous êtes agacée ce matin!

«Non, non, ça va, je vous assure.» Voilà ce que Marguerite aurait répondu en temps normal. Sauf qu'elle ne sait plus très bien ce que sont les temps normaux. N'a-t-elle pas le droit d'avoir des humeurs et de les assumer à la face du monde? Elle n'est pas condamnée à s'écraser, à hocher la tête, à se faire discrète. Oui, Aymeric à raison, elle est agacée. À cause du journaliste qui, présentant une des fortes personnalités du gouvernement israélien, a dit ce matin : «Une jolie brune de 39 ans.»

—Oh, ce n'est que cela?

—Vous avez déjà entendu un ou une journaliste dans la même situation dire : «Un beau blond de 39 ans» en parlant d'un ministre?

—Il a été factuel.

—Non. «Jolie», ce n'est pas factuel, c'est subjectif. Et bien sûr, ça ne vous choque pas. Chez vous, on flatte la croupe des secrétaires et tout ce qui fait plus de 15° est une boisson d'homme.

Tout autant que le commentaire sexiste du journaliste l'avait énervée l'attitude de Jonas, par extraordinaire réveillé lorsqu'elle s'était levée —Marguerite avait vite compris qu'il ne s'était pas couché.

—J'ai bossé sur *PulsionS,* j'ai pas vu le temps passer.

Il a échangé jusqu'à l'aube sur Skype avec Mina, une MILF latino de Chicago, délurée et raffinée —pour autant qu'une Américaine puisse l'être. Ils se sont échauffés de mots, préliminaires vite embarrassés par le maigre vocabulaire anglais de Jonas. Après lui avoir écrit trois fois qu'il aimerait *lick* son *pussy*, ils ont commencé à s'échanger des photos. Jonas sait les erreurs à éviter, la première d'entre elles consistant à montrer son sexe trop vite. Combien d'échanges prometteurs il a fait capoter à cause de son empressement à vouloir que la fille le regarde ! Il a d'abord envoyé à Mina des photos *slightly* suggestives, puis de plus en plus osées, avant qu'elle lui demande enfin si elle pouvait voir sa webcam ; elle s'est ensuite exhibée à son tour, corps sec et noueux de femme qui possède un tapis de course à la maison, ou un rameur, ou les deux, le sexe comme une anomalie coincé entre le grand droit, le pectiné, le couturier, l'ilio-psoas et les courts, longs et moyens adducteurs. Elle le regardait. Elle le voyait. Il guettait sur son visage lifté le passage d'un plaisir vrai. Est-ce que ça l'excitait un peu, quand même? Mina (c'était peut-être son vrai prénom) se masturbait sans aucune délicatesse, avec violence même. *« I love your huge dick. »* Cette phrase le fait monter d'un coup à chaque fois. *« You're so hard, baby! »* Oui il était bien dur, elle le regardait, c'était lui qu'elle voyait, elle avait la main frénétique entre ses jambes, elle semblait fascinée, hypnotisée. *Yes,* matemoi, Mina, passe encore la langue sur tes lèvres. Elle s'est pincé un téton, immobile, c'était lui qu'elle regardait, son trouble était sincère, il l'excitait, sa grosse queue l'excitait, bordel ! *« Mina, I'm gonna cum for you. »* *« Mmmmmmmmmmmmmm…* a-t-elle répondu en se mordillant la lèvre inférieure, *come on, give it to me big boy, give it all! »* Malgré l'impression de se faire mater par un écorché, il a réussi à tout donner à Mina, même si un peu plus tôt il avait déjà passé du temps sur KaMaSturba, une Espagnole délurée, un *private show* d'anthologie. Une fois qu'il a joui, il reste un peu, pour remercier, ne pas filer comme un goujat, l'équivalent virtuel du câlin post-coïtal alors qu'il voit, angoissé, ses jetons diminuer à mesure qu'il brode des gentillesses, *muy bien, muchas gracias,* même quand la fille n'est pas un canon de beauté il glisse toujours un mot gentil sur la partie la moins pire de son corps. Le délai raisonnable écoulé, il se déconnecte. Il compte combien lui a coûté la session, la somme le frappe à la pointe du menton, il va arrêter, il doit fermer son compte, il ne peut pas continuer. En attendant, il va encore emprunter de l'argent à Marge, juste un peu, elle ne s'apercevra de rien. Et puis avec son nouveau contrat chez Paulin, elle va avoir des rentrées.

Elle a surgi ce matin dans le bureau au moment où Jonas éteignait son ordinateur. Il avait laissé la porte ouverte, comme un con. Il a une suée en avisant le monceau de mouchoirs en papier souillés restés à côté du clavier. Il essaye d'être discret et nonchalant en les jetant à la poubelle.

—T'as bossé toute la nuit, mon chéri, dit-elle en lui embrassant les cheveux. Attends, je vais te faire un café.

L'attention le touche; emberlificoté dans une poussée de tendresse, il ne sait refuser. Elle allume la télé, chaîne d'infos en continu, un mec vante les charmes d'une politicienne quelconque, Marge devient dingue. Depuis qu'elle bosse sur le bouquin de Delaroche, ce n'est plus la même. Plus virulente, les épaules moins rentrées. Quand même, franchement, s'énerver pour ça…

—Il a juste dit que c'était une jolie femme, où est le problème?

—Fut un temps, tu t'énervais quand un journaliste disait «charges sociales» et pas «cotisations sociales».

—Parce que c'est de la propagande! On implante dans les cerveaux

—Hé, stop, je connais le laïus! Et dire d'une ministre qu'elle est une «jolie brune», ça ne déforme pas les consciences peut-être?

Jonas n'est pas très à l'aise avec la version indocile de Marguerite.

Elle s'étonne qu'Aymeric ait remarqué son élégance. Pour Jonas, qu'elle soit en jogging et sweat-shirt ou spencer Balmain vintage sur une robe Balenciaga dégriffée ne fait aucune différence. Quand il moque l'opulence de son dressing, elle bredouille que s'habiller avec soin représente une forme de politesse. Un premier rapport courtois à l'extérieur. Oui, elle se maquille pour aller chercher le pain ; non, elle ne met jamais de jupe-culotte ni de collants chair. L'opposition entre élégance et confort l'agace.

— Avez-vous une passion, Marguerite ?

— Je lis des romans. Beaucoup moins qu'avant. Presque plus en fait.

— Vous pourrez peut-être m'en conseiller.

— Oui, pourquoi pas. Mais je suis... j'étais assez exigeante, vous savez.

— Qu'est-ce qui vous fait croire que je ne le suis pas ?

Marguerite rosit. Aymeric a écrit deux ou trois romans, fort piètres selon Internet. Elle croit se souvenir des ricanements qui ont accompagné la publication du dernier, dont le héros avait une aventure avec une princesse britannique en laquelle tout le monde avait reconnu Lady Di.

— Je sais à quoi vous pensez, reprend-il. Mais vous n'en avez lu aucun, n'est-ce pas ?

— Non.

Il se lève. D'abord le tronc se penche, puis les avant-bras appuient sur les accoudoirs du fauteuil en même temps que se crispent les cuisses. Cette double pression permet un lent dépliement vertical, un peu chancelant. Marguerite se retient chaque fois de lui proposer de l'aide. Tandis que Delaroche se stabilise en position debout, s'équilibrant à l'aide de petits pas, comme les joueurs de tennis dans leur déplacement vers la balle juste avant la frappe, en moins tonique toutefois, elle note que son pantalon fait une bosse entre ses jambes. Elle croit tout d'abord à un pli mais non, ce petit monticule, ce bombage, c'est une érection. L'Ex semble n'avoir rien remarqué. Marguerite respire plus vite. Est-ce elle qui le réjouit ainsi ou la littérature ?

Lorsqu'il revient dans le petit salon, Delaroche ne manifeste plus aucun signe de jubilation. Il a en main un exemplaire de *Passion princesse,* qu'il lui tend.

—Tenez. J'aimerais que vous le lisiez. Je vous le demande comme à une amie, même si je ne suis pas très sûr de savoir la réalité que recouvre ce mot. Mais vous ne le lirez qu'une fois notre travail commun terminé, d'accord ?

Marguerite hoche la tête et balbutie un remerciement. Pourquoi la considérer comme une amie? Elle pensait qu'à cet âge, les hommes n'avaient plus d'érection. Non, en fait, c'est une question qu'elle ne s'est jamais posée. Une de plus. Elle a en face d'elle depuis des jours un ancien président de la République, un vieillard, un gagne-pain, tout sauf un homme avec un pénis —même si Aymeric coquette de temps en temps et sait garder les yeux une seconde de trop sur ses jambes, ou sa poitrine pour peu qu'elle ait mis un haut près du corps. Fait-il encore l'amour, à son âge ?

—*Beurk,* ça doit être dégueu ! s'esclaffe Fanny.

—Pas tant que ça.

Trois têtes ébahies se tournent vers Caro.

—Tu t'es déjà tapé un vieux? demande Sidonie. Tu ne t'en es jamais vantée.

Carole raconte ses coucheries avec un ami de son père. Son intelligence la faisait mouiller (Carole parle cru), alors que la peau soit fripée et flasques les chairs lui importait peu. C'était même une excitation assez perverse. Marguerite grimace. Elle n'écoute que d'une oreille. Un vieux ? Répugnant ! Un ami de son père ? Immoral. Sidonie explique que ses parents couchent toujours ensemble. Imaginer Billie nue fait grigner Marguerite. Pendant que Sido et Caro comparent leur vieux idéal dans chaque catégorie — pour le cinéma : Sean Connery vs Al Pacino —, elle regarde son Facebook. Trois « J'aime » et deux commentaires de plus pour la photo de sa tenue du jour — jodhpur Galliano en soie, veste noire cintrée et bottes de cuir fauve. A-t-on encore le droit d'appeler son fils Onésime ?

Elle rentre chez elle à vélo. Si ça se trouve, elle a excité un ancien président de la République. Lorsqu'elle arrive, sa culotte est trempée. Effort physique et selle en plastique : elle met cela sur le compte du vélo.

*

Marguerite ne laisse pas traîner ses culottes sales, même après cinq ans de vie commune. Quand il arrivait à Jonas, au début de leur relation, dans la frénésie du désir, de lui baisser le pantalon et d'emporter un tanga ou un *shorty* dans le mouvement, il prenait toujours garde à ne pas en regarder l'intérieur, surtout le soir. On se dit tout dans un couple, vraiment ? T'es prête à entendre, Marge ? Ça m'étonnerait. J'avais levé Valérie en lui expliquant la courbure de l'univers et l'énergie noire, après lui avoir joué *Under The Bridge* à la guitare. Une fois chez elle, pendant qu'elle tamisait les lumières et nous servait un verre, je m'enfermai dans la salle de bains pour me laver le sexe. Pas question que celui-ci ne soit pas propre avant chaque rapport, qu'une femme soit incommodée par une odeur d'urine ou de renfermé. J'attendais en retour les mêmes attentions de mes maîtresses — ce qui était hélas loin d'être toujours le cas. La propension des sexes féminins à exhaler de funestes fumets ne laissait de me surprendre, moins cependant que la passivité de la plupart des femmes face à cette évidence.

Je continue, Marge, on se dit tout ?

Je m'essuyais le pénis dans la serviette de toilette de Valérie lorsque mon regard tomba sur la corbeille de linge sale, ouverte, débordante, avide d'enzymes et de tensioactifs. Sur le dessus de la pile, une petite culotte en coton blanc révélait son envers souillé, superposition de taches allant de l'ivoire au carmin qu'emprisonnaient de petits résidus secs. Je suis rentré chez moi sitôt sorti de la salle de bains, plantant là Valérie et ses sécrétions.

Et moi, m'objecterais-tu si on n'avait aucun secret l'un pour l'autre, n'ai-je ni humeurs ni odeurs pour en être à ce point dégoûté ? Déjà, après avoir uriné, je m'éponge le méat. Ensuite, je prends toujours ma douche après avoir déféqué. Dans la cabine, mon plus grand plaisir est de diriger le jet vers l'orifice terminal de mon tube digestif. Le plus souvent, je décolle ce faisant de petits résidus de fèces restés prisonniers dans les poils ou les replis. Les voir disparaître dans la bonde me cause une joie sans doute démesurée, proportionnelle à la taille desdits résidus. Puis je me savonne le corps, le visage, le sexe, le pli interfessier enfin, en insistant bien sur la rondelle, qui se reprend un coup de jet au moment du rinçage. Eh bien, crois-le ou non, il arrive qu'à la fin de la journée je trouve malgré tout des traces dans mon caleçon. Comme si mon rectum ou mon colon sigmoïde avait suinté. Cela me contrarie au plus haut point. La découverte de la lingette pré-humidifiée « hygiène intime », dont je fais depuis une consommation peu écologique, m'a simplifié l'existence.

— Pourquoi y a-t-il des lingettes dans les toilettes ? a demandé Marge. C'est un message ?

Peut-on confier à sa compagne qu'on a l'obsession de

l'anus propre ? Que certaines odeurs corporelles, naturelles pourtant, vous répugnent ? Je t'ai affirmé les avoir trouvées là, ces lingettes, que quelqu'un avait dû les oublier. Pas dupe sans doute, tu n'as pas insisté.

Marguerite s'affaire dans la cuisine. Ce soir, c'est téléréalité, des chanteurs en herbe noté par d'anciennes gloires des *charts.* Jonas et elle ont chacun leurs favoris. Presque jamais les mêmes.

— Tu lui as parlé du Club de Rome, à ton vieux facho ? lui demande Jonas depuis le salon. Comment se défend-il de n'avoir rien fait alors qu'il savait ? *The Limits to Growth,* c'est 1972 quand même ! Les mecs ont tout prédit, mais les copains de DDM se faisaient trop de fric pour être en mesure d'écouter.

— La modernité, l'informatique, la voiture pour tous : tout le monde était si sûr, Marguerite ! La bourse, la croissance, c'était excitant, on entreprenait, le monde changeait, passait en couleur, à portée de Boeing ! Alors le Club de Rome, hein…

— Et tu lui as demandé s'il avait sauté Danièle Gilbert ?

Marguerite lève les yeux au ciel. Bien sûr, Lapin, c'est tout à fait le genre de question que l'on pose à un ancien président de la République.

— Non mais je crois qu'il s'est tapé Corynne Charby.

Comment dire à Jonas qu'elle a mouillé ? Au moment où elle se pose la question, elle s'aperçoit qu'elle n'en a pas envie. Elle l'entend marronner tout seul dans le salon, « évidemment, c'est facile pour ces ordures, les gonzesses sont toutes à leurs pieds. »

Ils dînent devant la télé en commentant les prestations des candidats, une forme de complicité conjugale comme une autre.

— C'est dommage que tu ne joues plus de guitare,

Lapin. Tu étais doué. J'aimais bien quand tu me chantais des chansons.

Adolescent, Jonas se rêvait sous les projecteurs, entraînant dans son sillage de riffs une jeunesse rebelle galvanisée par ses textes contestataires. Marguerite désigne l'écran d'une virgule du menton.

—Je suis sûre que tu les écraserais tous si tu participais.

Il s'y voit parfois, suant sa révolte à la face de millions de moutons, dont il fédérerait les votes, vainqueur surprise devant un adorable minois à large spectre vocal, idole enfin reconnue.

—Jamais je ne participerai à ce summum de l'abrutissement des masses !

Du moins pas de lui-même, mais si Marge avait la bonne idée de l'inscrire en cachette, l'honneur serait sauf. Au lieu de cela, elle tend le cou vers son candidat préféré, hypnotisée comme une vache —un cobra ? (Comment on fait dans ces cas-là : on préfère la réalité de l'élément comparé ou du comparateur ? Un truc entre les deux : « Hypnotisée comme un cobache » ? Un truc simple : « Hypnotisée » ?)

À la fin de l'émission, la vabra file au lit, où elle s'endormira lumière allumée après trois pages de roman.

—Bonne nuit, Lapin. Ne te couche pas trop tard.

Parfois, elle lui demande si le développement de son jeu vidéo avance. Jonas sait qu'elle n'y croit pas, mais jamais de cynisme ni de second degré dans sa question. On doit pouvoir considérer Marguerite Santa Lucia comme une crème, adorable, toujours d'humeur égale. Jonas la trouve souvent trop mièvre et cela l'agace. Quand elle l'interroge sur *PulsionS*, il répond n'importe quoi : qu'il bloque sur un truc, ou qu'il est vraiment content d'avoir terminé l'architecture d'un tableau difficile. Quoi qu'il dise, elle hochera la tête en souriant. Encore excité par le *cameltoe* d'une concurrente, il n'attendra même pas que Marguerite ait éteint la lumière dans la chambre pour se connecter sur KaMaSturba.

Il vérifie son nombre de jetons. Pas assez pour une séance avec Kitty_shine. Et puis jamais de *private show* avec une 30. Mais merde ! cette culotte sage et moulante à la fois, cet air espiègle et si peu commerçant... Son sexe dans la main droite, Jonas ouvre la fenêtre « acheter des jetons ». Non, c'est stupide, il peut parfaitement jouir sans faire une session privée avec Kitty_shine... Elle éclate de rire à la blague d'un tchateur. Elle est spontanée, fraîche, ses lunettes excitent Jonas. Il a envie qu'elle le regarde. Qu'elle ne regarde que lui pendant quelques minutes à 30 jetons. Il calcule mentalement combien il risque d'y laisser. Elle change de position sur son lit, ce qui fait saillir sous le coton bleu ses grandes lèvres engorgées déjà. C'est beau, attendrissant. À portée de clic. Pur. *Candid,* disent les Américains. Il aime bien ce mot. *Candid.*

Kitty_shine habite en Californie. Beaucoup de filles émettent depuis des pays pauvres. Il ne veut pas y penser, surtout pas établir le lien entre son plaisir et l'exploitation de la misère à des fins de prostitution, tout comme il achète pour ses PC des composants électroniques qu'il sait fabriqués dans le Tiers-Monde. On peut sur KaMaSturba sélectionner la provenance des connectés ; ce soir, il ne regarde que des filles d'Amérique du Nord ou d'Europe de l'Ouest, c'est sa contribution à un monde meilleur. Trente jetons la minute, ce n'est pas rien. Il pourrait jouir sans payer, juste en regardant Kitty qui, cambrée en arrière, lui offre son pénil bombé, qu'elle masse tout doux tout doux. Il a envie qu'elle ne regarde que lui. Combien a-t-il pris à Marguerite, ce mois-ci ? Il ne s'en souvient pas. Il a dû pas mal la siphonner : KaMaSturba est très gourmand. Il n'arrive pas à décrocher. Ni même à se limiter. Toutes ces femmes prêtes à le mater, ça le rend littéralement fou.

Il perd la raison. Il comprend les joueurs compulsifs, les parieurs invétérés. Il est comme eux. Accro. C'est tellement bon, putain ! Kitty est là pour lui. Réelle. Marguerite ne fait pas ses comptes. Elle pose les enveloppes de la banque sur son bureau sans les ouvrir ; quand le tas est trop important, elle jette tout. Il a son numéro de carte bancaire. Il coche la case *45 $* et clique sur *Buy tokens.* Le voilà nanti de 2500 jetons. De quoi voir venir. J'arrive, Kitty, j'arrive. Il vérifie l'orientation de sa webcam — il faut que le service trois pièces soit bien visible, mais masquer autant que possible son bide un peu trop proéminent et ses petites jambes blanchâtres. J'arrive, Kitty, tant pis pour la règle. Après tout, que fait Marge de son argent ? Elle achète des fringues. Pour son plaisir. Le plaisir de Jonas, c'est qu'on le regarde jouir. Kitty *is so candid.* Il clique sur *Start private show*.

Jonas dort. Bouche entrouverte. Il ne sent pas très bon. Avait-il ces petits sillons au coin des yeux quand elle l'a rencontré ? Elle a pensé à Grégoire si c'est un garçon. L'inconvénient, c'est que tout le monde va l'appeler Greg. Elle n'apprécie pas les surnoms ni les diminutifs. Encore moins quand ce sont les parents eux-mêmes qui les donnent à leurs enfants. À quoi bon prénommer sa fille Marguerite si c'est pour l'appeler Margot ?

— C'est ton père qui a insisté pour Marguerite. Moi je voulais Patti. Au moins, tu n'aurais pas eu de surnom.

On l'aurait quand même affublée de « Bouboule » à l'école, Patti ou pas.

À la télé, des ouvriers picards clament leur colère parce que le propriétaire indien ferme l'usine alors qu'elle est rentable. « Ils n'en ont rien à foutre, de nous. Tout ce qu'ils veulent, c'est se remplir les poches », frémit l'un d'eux, sanglé de rage et de larmes endiguées. Marguerite ne comprend rien. On dirait que les salariés ne sont jamais contents. Personne n'est jamais content. Elle-même n'est pas très contente de ce qu'elle voit dans la psyché, comme si un ouvrier en colère de la chaîne de montage avait inversé le ventre (rond) et les fesses (plates). La notice devait être mal traduite. Le seul truc pas mal, c'est sa poitrine. Bonnet D, haut perchée, mamelons bruns, des seins « en volcans » selon Jonas.

Le ministre de l'Économie se réjouit qu'un nouveau groupe franco-finlandais, fruit de la fusion de deux géants des communications (« Il y aura des licenciements, c'est sûr », proteste un syndicaliste), puisse bientôt « concurrencer les Chinois ». Marguerite ne se sent en concurrence avec personne. Et pourquoi le serait-elle avec des Chinois plus qu'avec des Finlandais ? Si elle osait sans soutien-gorge, aujourd'hui ? Le ministre se prénomme Edgard. Pas mal, Edgard. Pas de diminutif connu. Il faudra en parler à Jonas. Edgard affirme que la France ne doit pas se laisser distancer dans la course à la croissance.

— Ils ne savent plus ce qu'ils disent. Ils ne contrôlent plus rien, alors ils font des phrases et prennent des poses. Il n'y a plus d'hommes d'État, que des bateleurs.

— Vous contrôliez tout, vous, quand vous étiez président ?

— Je contrôlais plus qu'eux, oui. L'Europe était embryonnaire, nous maîtrisions notre monnaie, l'État avait son mot à dire dans l'économie.

— Vous êtes de droite pourtant, non ?

— Je ne suis plus rien de tout cela : je suis vieux.

Il ne serait guère urbain d'acquiescer. D'autant qu'Aymeric durcit encore. Marguerite ne peut chasser cette image de sa tête. Elle n'est plus choquée ni surprise. Troublée. Un vieil homme affable, intelligent, déjà entré dans l'Histoire. Et qui a des érections... Elle meurt d'envie de le titiller sur ce sujet. Elle défait le bouton du haut de son chemisier, sous lequel joue librement sa poitrine. A-t-elle vraiment voulu faire ce geste ? Hier, Aymeric a employé le terme de

« trousse-chemise ». Elle ne sait ce qu'il signifie, ni même s'il existe vraiment. Il parle. Il évoque. Il l'a ébranlée. C'était à propos de son vieux rival Benoît Courcel.

— *Pfff...* Un soudard. Un trousse-chemise. Aucun savoir-vivre. Le genre à embrocher la bonne dans l'arrière-cuisine entre la poire et le fromage. Vous connaissez son surnom, n'est-ce pas ?

— Non.

— « Deux minutes douche comprise. » Il disait toujours : « Je reviens, j'en ai pour deux minutes. » Tout le monde savait alors ce qu'il allait faire.

— En quoi est-il différent de vous ?

— Ne me comparez jamais à Benoît Courcel !

— Tous les deux, vous avez voulu le pouvoir. Tous les deux, vous avez voulu le garder, à tout prix. Tous les deux vous avez voulu dominer. Posséder un grand nombre de femelles est aussi un moyen d'asseoir sa suprématie sur le troupeau, non ?

— J'ai nommé une femme Premier ministre.

— Une manœuvre tactique. Un coup médiatique. Même si vous ne me direz pas la vérité, n'est-ce pas ?

— La vérité, ricasse Aymeric. Elle est bien bonne, celle-là ! Je n'arrive pas à croire que vous soyez si béjaune !

Il sourit et se penche vers Marguerite. Il jurerait que ce n'est pas dans ses habitudes de se passer de soutien-gorge. Et il ne peut rien faire. Impuissance n'est pas anérection, c'est ne plus susciter le désir. Il met cinq bonnes minutes pour aller du salon à la chambre ; Brigitte doit l'aider à se vêtir et à se dévêtir, lui fait parfois remarquer, avec déférence, ce qui n'est pas de la tarte, qu'il s'est compissé ; il doit feindre souvent d'avoir compris ses interlocuteurs pour ne pas devoir leur demander de répéter. Pas de quoi faire pointer les jolis tétons de Marguerite Santa Lucia. Est-ce qu'avant, on se sentait vieux dès qu'on le devenait ?

Est-ce qu'un fatalisme instinctif empêchait que l'homme déplorât sa décrépitude ? Il s'avachit, ahane en montant les escaliers, il a flasqui — il ose néologiser désormais, car on trouve charmant chez les vieillards ce qui chez jeunesse exaspère. Malgré ces signes évidents de sénescence, il se voit toujours comme le fringant quadragénaire qui conquit l'Élysée de haute lutte au terme d'un combat fratricide, en usant de tous les coups bas possibles. Une guerre à mort, et ce n'est pas une expression en l'air : certains dont le silence n'a pu être acheté l'ont payé de leur vie. Lannoy par exemple. Un type droit. Mais qu'avait-il besoin, lors de son discours de politique générale devant l'Assemblée nationale, de brandir son fichu papier en lâchant des menaces à peine voilées contre les élus corrompus ? Aymeric n'a jamais demandé à ce que Lannoy se fasse suicider. Il n'en a pas eu besoin. Tout est parti de là pour Berthier. Il n'a jamais digéré. Si Lannoy savait qu'il a été à l'origine du Dispositif... Quelle ironie !

— C'est quoi, le dispositif ?

Aymeric cligne des yeux. Qui est ce mignon brin de fille assis face à lui ? Ce ne serait pas l'actrice, là ? Comment s'appelait-elle, déjà ? Jeanne. Jeanne Do. Mais non, Jeanne doit avoir dans les 60 ou 70 ans désormais. Quel phénomène, celle-là ! Ils en étaient tous un peu croc. Elle a changé de nom après. Ah oui ! Marguerite, pour l'écriture de ses mémoires. Aurait-il évoqué tout haut le Dispositif ? Tiens, elle ne porte pas de soutien-gorge.

— Vous vous demandez ce qu'elles pouvaient me trouver, n'est-ce pas ?

Marguerite voit des femmes en jupes de tweed et sous-pulls ; elle voit de grosses lunettes carrées et des choucroutes ; elle voit des R5 et des CX ; elle voit des gaines 18 heures de Playtex et des culottes larges bombées par les poils, des triangles fournis enfouraillés par des moustachus à rouflaquettes. Elle a une photo de son père avec des rouflaquettes. Elle a du mal à imaginer sa mère avec une toison luxuriante.

—Vous aimiez votre père, Aymeric ?

—Je suis d'une génération et d'un milieu social pour lesquels cette question n'a aucun sens. On respectait ses parents. On admirait son père ou on le méprisait. Mais l'amour...

A-t-il jamais aimé ? Pas qu'il se souvienne. Il a perdu la tête une fois ou deux, commis quelques folies en phase de conquête, rien de plus. C'est un peu vulgaire, l'amour, non ?

—J'y crois pas ! hurle Fanny, hilare. Il ne t'a quand même pas dit ça !

—Texto. « C'est un peu vulgaire, l'amour, non ? » Et je me demande si je ne suis pas d'accord avec lui.

—Tu n'aimes pas Jonas, peut-être ? rétorque Sidonie.

—Si, mais...

... mais à quand remonte la dernière fois qu'il lui a dit « Je t'aime » ? Le lui a-t-il jamais dit ? Et elle ? Elle oui. Parce qu'elle l'aime ou parce que ce sont des choses qui se disent ? Jonas n'a-t-il pas exigé plusieurs fois qu'elle le lui dise, en lui tirant fort les cheveux ? Elle s'en souviendrait. Ce dont elle se souvient avec clarté, c'est que Jonas jouait de la guitare et pouvait expliquer la théorie de la relativité. Il lui décrivait le cyberespace, lyrique, enflammé, la traitant de conne quand elle ne comprenait pas assez vite. Lui a-t-il dit « Je t'aime » ? Il lui a sans doute répondu « Moi aussi » une fois ou deux. Pourquoi vouloir que ce soit comme avant, immuable ?

Pour Aymeric, qui a tant donné dans la bagatelle, il doit être difficile de ne plus pouvoir pratiquer. Cette idée lui est venue hier en regardant un reportage sur le blues des anciens sportifs de très haut niveau.

—Il te reluque ? demande Fanny.

Oui. Il ne s'en cache pas. Il commente, même, parfois.

— Mais vous ne savez pas, mon petit. Vous ne savez pas, et ne saurez jamais. L'effet que peut provoquer le dessin d'une poitrine sublimée par un chemisier cintré, les promesses que nous devinons dans le mouvement des hanches d'une passante. Alors vous agitez vos qualificatifs dépréciatifs : nous serions des obsédés, des verts-galants.

— Comment estimer quelqu'un qui vous transforme en objet de désir ?

— En *objet ?* Mais vous n'y êtes pas du tout ! À moins de vouloir à tout crin dissocier le corps et l'esprit, qui seraient l'objet et le sujet. Pour vous, il faudrait tomber amoureux de la personne indépendamment de son corps, pour ensuite s'autoriser à jouir de celui-ci ? Mais votre apparence physique a modelé votre psyché, Marguerite. Vous seriez une autre personne, croyez-moi, si vous étiez une grande blonde en lignes sèches ou une petite brune tout en courbes. Vous êtes corps et âme.

— Et vous un porc. Un vieux porc lubrique. Vous me débectez.

Marguerite se fige. Jésus Marie Joseph, elle vient de tout gâcher. Son interview et sa carrière. Parce qu'Aymeric avait les yeux rivés sur ses seins ? Elle qui ne s'emporte jamais. Qu'est-ce que ?... Qu'est-ce qui ?...

— Je... euh... Pardonnez-moi, bégaie-t-elle en se levant, nerveuse. Je n'aurais pas dû vous insulter.

— La franchise ne me dérange pas. Et les injures, vous savez, j'en ai reçu mon content. Traversez-vous une mauvaise passe ? Des soucis domestiques ?

C'est vivifiant, de se mettre ainsi en colère. D'être hors de soi.

— Je... Si vous étiez une femme confrontée sans cesse aux regards des hommes, vous comprendriez ma réaction. Et encore, moi, ça ne m'arrive pas très souvent.

—Oui, sans doute. Mais un homme peut-il se comporter autrement ? La Terre est ronde, elle tourne autour du Soleil et les mâles regardent les femelles avec concupiscence.

—S'il est dans la nature des mâles de harceler les femelles, à cause de la reproduction de l'espèce, travaillons à changer la nature des mâles. Il doit bien y avoir un moyen pour que tout le monde y trouve son compte, non ?

—Les hommes ont le pouvoir parce qu'il est naturel qu'ils l'aient. Ne me demandez pas pourquoi, je n'en sais rien. Mais si les femmes avaient dû gouverner, vous ne croyez pas que depuis le temps, elles y seraient parvenues ? Est-ce que les hommes sont par nature supérieurs aux femmes parce qu'ils dirigent... ?

Il réfléchit un court moment et secoue la tête.

—Non. Non, je ne crois pas. Votre génération juge tout à l'aune d'une sorte de politiquement correct. Oui, on retroussait des jupes, et peut-être que beaucoup étaient contentes qu'on leur retrousse les jupes. Sans morale en « isme », sans bien ni mal.

Marguerite lui demanderait volontiers qui, à son époque, s'est vraiment soucié de la condition féminine. Elle cherche la bonne formulation. Aymeric continue de soliloquer et elle de prendre des notes, le plus invisible possible. Pas très difficile, elle y travaille depuis des années. S'effacer. Ne pas se faire remarquer. Comment a-t-elle glissé vers l'inexistence ? Enfant, elle occupait l'espace. On ne voit qu'elle sur les photos. Puis elle s'est rabougrie. Le jour, se faire petite jusqu'à l'imperceptible, ne pas déranger, oser se glisser parfois entre les disputes parentales ; la nuit, se laisser envahir par les « quand je serai grande », les îles au trésor et les châteaux.

« Avec une mère comme la tienne, pas facile d'exister. » C'est la théorie de Jonas. Ce serait bien pratique, sans doute, de tout mettre sur le dos de Billie. S'y trouve déjà son Jacek, il débarque chez moi en pleine nuit sans prévenir, je te jure Marge, quel bon coup! (Encore un concept qui échappe à l'entendement de Marguerite.) Elle a l'habitude des emballements de sa mère, de nature non pas amoureuse ni même sentimentale mais presque situationnelle. Elle aime que Jacek côtoie le danger et la mort, qu'il soit un peu brutal, imprévisible, et surtout plus jeune qu'elle. Billie adore se vanter de la jeunesse de ses conquêtes. Son flic n'a qu'une dizaine d'années de moins qu'elle, donc elle ne la ramène pas trop sur le sujet : elle espère qu'on la pense plus jeune que lui. Il ne peut bien sûr plus se passer d'elle, comme tous les hommes que Billie a connus. Il l'emmène faire des tours en bécane, à fond, a déjà fait usage de son arme, boit beaucoup trop sans être jamais bourré. Par contre, ce con refuse de lui faire sauter ses PV, mais elle ne désespère pas d'arriver à ses fins. « J'ai plus d'un tour dans mon sac, si tu vois ce que je veux dire », ajoute-t-elle avec un clin d'œil. Marguerite ne visualise pas plus un sac plein de tours qu'un bon coup. Un sac à tours bonifie-t-il un coup ordinaire ? Son père était-il un bon coup ? Ça ne se demande pas et pourtant, elle a envie de savoir. Envie de savoir si elle n'a été qu'un sale tour dans le sac ventral de Billie, née d'un coup bas ou de la fougue de qui ne sait retenir les siens, de coups ; ou le fruit désiré d'un coup de chance.

Non. Elle veut seulement entendre que son père était un meilleur coup que Jacek.

Aymeric se souvient de la phrase anodine, pas même agressive, dite presque en s'excusant par une petite dame à fichu sur un marché de province. Le point de départ. Le ver frugivore.

« Vous pouvez tout et vous ne faites rien. »

Il a sans doute délivré à l'apostropheuse un sourire mécanique suivi d'une phrase creuse et rassurante. Sur le coup, il n'a rien senti, comme ces soldats qui continuent à se battre et dont on s'aperçoit au soir qu'ils ont une balle dans le corps ; ou, plus juste peut-être : comme ces ouvriers qui floquaient de l'amiante dans les plafonds et auxquels on dit un jour qu'ils ont un cancer — mais qu'ils ne s'inquiètent pas, ce sera considéré comme une maladie professionnelle.

L'amiante a failli lui coûter son poste. Bien sûr qu'ils savaient. Il ne se souvient plus qui avait porté le chapeau à sa place. À une époque, les sous-fifres avaient une durée de vie très limitée. On en consommait beaucoup. On les recrutait avec une bonne tête à chapeau. C'était une de leurs blagues favorites, avec Berthier : « Chapeau, ton nouveau dircab ! » Vous avez remarqué le nombre d'expressions avec chapeau ?

—Nos collaborateurs en bavaient, des ronds de chapeau, pour sûr ! Seulement les plus solides, les plus résistants, les plus retors parvenaient à faire carrière. Ah, mais vous êtes de gauche, vous trouvez cela odieux, la sélection naturelle…

De gauche ? Marguerite vote pour les candidats du Parti socialiste, parfois pour un écolo, sans comprendre très bien pourquoi ils ne sont jamais d'accord entre eux. En fait, ceux que les médias disent « de gauche » ont souvent l'air plus gentils que les autres ; comme eux, elle condamne les actes racistes et homophobes, réclame plus de justice sociale, déplore l'indécence de certains revenus à sept ou huit chiffres — même si bien sûr il faut respecter la liberté d'entreprendre (du moins lui semble-t-il, l'expression sonne bien). *Anyway,* * quel que soit le parti au pouvoir, sa vie reste la même. Celle de ses amis aussi. Personne ne se prive de rien, même si les prix augmentent. D'ailleurs, tout le monde a bien vanné Fanny le jour où elle s'est pointée au brunch mensuel avec un assortiment d'entrées froides de marque *hard discount.* Auxquelles personne n'a touché. En fait, on râle sur des sujets différents suivant la couleur politique du gouvernement. Aucune de ses copines n'a pu lui expliquer les différences dans les programmes — Jonas non plus : il s'embrouille et s'énerve. Et s'en balance : il vote toujours pour le même parti, celui avec « travailleurs » dans son nom ; ou « révolution ».

—La vraie gauche, se rengorge-t-il. Sidonie et compagnie, ce n'est pas parce qu'elles votent socialo, mangent bio et trient leurs déchets qu'elles sont de gauche.

Jonas n'aime pas les copines de Marguerite. « Des petites

---

* Elle dit « *anyway* » à tout bout de champ depuis quelques jours, un tic de langage qu'elle a piqué à Carole. Si elle met autant de temps à s'en débarrasser que « mais carrément ! », ça promet…

bourges superficielles », dit-il volontiers. Cette aversion ne l'a pas empêché de coucher avec Carole, qui avait « vraiment envie de sentir ce que ça faisait, un truc de cette taille. » Ils avaient convenu de n'en parler à personne —surtout pas à Marguerite, *of course.* Tous deux avaient tenu cet engagement. Parfois, Jonas se souvenait des drôles de petits piaillements de Carole et de sa chatte intégralement rasée écartelée sur son membre. L'image de son corps menu étendu sur le lit pendant qu'il la besognait debout était stimulante. Carole quant à elle gardait un bon souvenir de l'expérience, mais avait un peu honte chaque fois qu'elle passait du temps avec Marguerite. Bon, après tout, ce n'est pas si grave, se disait-elle, même si elle avait bien flippé pendant quelques jours après avoir baisé Jonas car ils ne s'étaient pas protégés.

Jonas n'est pas très apprécié dans le groupe d'amis de Marguerite, à qui personne ne l'a dit en face. Mais on ne l'invite plus parce qu'on a peur qu'elle vienne avec lui. Il critique toujours tout et tout le monde, disent-ils (du moins c'est ce que ses copines lui rapportent). Il est trop cynique. Selon Billie, les pervers narcissiques vous coupent de vos relations pour que vous ne dépendiez que d'eux. Dès qu'il a picolé, ajoutent ses amis qui ne l'invitent plus, ton mec devient agressif. Ce n'est pas tout à fait vrai. Marguerite se souvient de soirées très sympas alors que Jonas était là, des fêtes où il faisait rire tout le monde, où il dansait comme un fou et faisait le DJ. Ils ont organisé plein de soirées karaoké géniales, rue des Moines.

—Plein ? Je n'ai été invitée que deux fois, fait mine de se vexer Sido.

Deux ? Marguerite aurait juré plus. Jonas adore le karaoké. Elle devrait peut-être lancer des invitations, lui faire une surprise. C'est vrai qu'on ne sait jamais à l'avance s'il va être bien luné ou pas. Il a très mal vécu le passage à la trentaine. Devenir père l'apaisera, Marguerite en est certaine.

Jonas n'aime pas ses copines, et peut-être qu'elle non plus ne les aime pas après tout. Peut-être que c'est Jonas qui a raison : elles l'éloignent de lui. Des copines, rien de plus fastoche : elle s'en fera de nouvelles à la sortie de la crèche.

*

— Moi, ça m'a emmouscaillé, les gosses. D'ailleurs, c'est bien simple, je ne m'en occupais pas.

Aymeric se lève, un cric grippé.

— Pourquoi en avoir fait, alors ?

Il époussette d'un frôlement de main un cadre sur le buffet.

— Marguerite, vous n'écrirez jamais rien de bon si vous voyez tout seulement avec votre regard. Essayez de mettre en perspective, de vous souvenir que je suis né en 1927. C'est ma mère qui m'a trouvé cet excellent parti qu'était Marie-Charlotte Louvois de Cassac, tout juste sortie de Notre-Dame-des-Oiseaux, où elle avait étudié les humanités féminines. À savoir les bonnes manières, dont celle de tenir un foyer. Ni elle ni moi n'avons eu notre mot à dire, figurez-vous. Oh, nous aurions pu regimber, mais à quoi bon ? Ensuite, on faisait des enfants sans se poser de questions. Surtout si l'on voulait embrasser une carrière politique : impensable de ne pas être un bon mari et un bon père de famille. Les invertis aussi se mariaient et faisaient des enfants. Et leurs petites affaires en privé. Je…

Il s'interrompt. Il a l'air égaré.

— Vous allez bien, Aymeric ?

Pourquoi cet affolement dans la voix de la petite ? Bien sûr qu'il va bien. Il est juste un peu fatigué, voilà tout.

Elle se lève et veut l'aider à se rasseoir. Il la congédie d'un geste brusque. Il n'est pas grabataire, tout de même !

— Bon. Qu'est-ce que je disais ?

— Nous parlions de vos enfants.

Ses enfants ? Il n'a jamais eu d'enfants ! A-t-il eu des enfants ?

— Je ferais mieux de m'en souvenir, sinon ils vont me tuer.

— Qu'est-ce que vous dites ?

— Rien, je n'ai rien dit. De quoi parlions-nous ? Vous ai-je déjà dit que François Mitterrand voulait m'acheter ce meuble, là.

Il désigne le petit bar en bois précieux dans lequel sont rangées ses bouteilles de spiritueux.

— Je... Est-ce que quelqu'un veut vous tuer, Aymeric ? Vous êtes en danger ?

Pourquoi lui demande-t-elle cela ? Qu'a-t-il bien pu laisser échapper ? Sans doute était-ce hier. Il ne s'en souvient pas. Il a essayé avant de s'endormir de se remémorer sa journée mais rien, le blanc intégral. Hans dit que Berthier est venu le voir. Il ne s'en souvient pas non plus. Donc il a pu dire n'importe quoi à cette jeune femme. Et Berthier a dû constater ses absences, cuisiner Hans pour savoir s'il perd la tête, ou le corrompre. Mais Hans sait tout, n'est-ce pas ? Il est le pivot de cette histoire. Si Berthier croise Marguerite, Hans et Aymeric la présenteront comme une cousine de province.

— Me tuer ? Allons bon, voilà autre chose !

Marguerite voudrait être sûre que le rire d'Aymeric a sonné faux. Dans une fiction, cela aurait été le cas, elle aurait su ainsi qu'il lui cachait quelque chose. Or peut-être a-t-il vraiment oublié lui avoir fait part de cette menace. Si ça se trouve, il est de bonne foi ; mais sa peur ourlée de fatalisme n'était pas jouée. Certes, ce n'est pas parce qu'Aymeric est certain qu'on veut le tuer que tel est le cas. Son cerveau invente-t-il ou se contente-t-il de mélanger les époques, les épisodes du passé ? Marguerite se demande si elle doit insister. Au risque de le braquer.

— Vous ne m'avez pas demandé si j'ai des regrets, change-t-il de sujet.

— Vous en avez ?

— Vous vous souvenez de ma réélection avec près de 85% des voix ?

— Contre le candidat d'extrême droite, oui.

— Vous vous souvenez de ce que j'ai fait ensuite ?

— Non ?

— Voilà.

— Voilà quoi ?

— Vous ne vous souvenez pas de ce que j'ai fait ensuite parce que je n'ai rien fait. J'aurais pu tout changer, sortir de cette logique bipartisane qui créé des clans, des barons, des obligés, nie les nuances. J'aurais pu transcender les clivages. Laisser une trace dans l'Histoire. Je n'ai rien fait. Rien sauf continuer à gérer la boutique, favoriser mes amis.

— Et vous le regrettez ?

— Vous n'imaginez pas combien.

Il pleure. Devant elle, l'Ex pleure ce qu'il n'a pas accompli. Il pleure d'être insidieusement devenu un politicard, alors qu'il était entré en politique par conviction, pour servir l'État, son pays et ses concitoyens.

— Je peux l'écrire ?

— L'écrire ?

— Dans le livre.

— C'est déjà dans le livre.

— Quel livre ? s'étonne Marguerite.

— Celui de Nina, voyons ! Enfin, tout le monde sait cela !

—Qui est Nina ?

—Trouvez-la et vous comprendrez tout. Il faut que… enfin je ne sais pas, je ne suis pas certain… Le point de départ, pour sûr. Nina. Le point de départ. Ou Nino ?

—Qui est Nino ?

—Ah, vous m'agacez à la fin avec vos questions, jeune femme ! Nino, le mari de Nina. Pauvre bougre. Il n'a jamais rien compris à rien. Ou alors c'est lui qui est à l'origine…

—Nino veut vous tuer ?

—Nino, me tuer ? Ah ah ah ! Elle est bien bonne celle-là ! Ah ah ah ! Nino n'existe pas. Pauvre bougre. Ce n'est pas son vrai nom, il va de soi. Nino et Nina, a-t-on idée ? Elle, on ne prononçait plus son nom. Trop… sulfureux. Elle était…

Qui est cette jolie jeune femme, nom d'une pipe ? Elle ressemble à une actrice. Pourquoi lui parle-t-il de Nina ? Qui a initié ce foutu Dispositif ? Berthier ? Les regrets. Au commencement étaient les regrets. Les siens, mais d'abord ceux de Berthier, ceux de Joxe. Joxe, ce protestant amidonné, dommage qu'il ait été dans l'autre camp. Un homme bien. Aymeric est arrivé après. D'abord Berthier et Joxe. Et Laurentin. Et puis Rocard. Les socialistes, bien sûr. Des regrets, ils pouvaient en avoir. Chaban aussi. Ah, Chaban, quelle ironie qu'ils se retrouvent ensemble derrière tout ça alors qu'ils se haïssent tant ! Depuis le début. Pas mal, les roploplos de la petite, dis donc. Il parie pour un 90D. Il a toujours battu Berthier à ce petit jeu.

Avec soin, Marguerite crème ses croûtes. Elle a changé de dermatologue. Le précédent, un ami de Billie, lui prescrivait une pommade à base d'huile essentielle de géranium. « Le psoriasis, c'est psychique », répétait-il. Le nouveau traite ses problèmes avec sérieux et modernité : à la bétaméthasone. La télévision rabâche qu'Harold Fitzman est mort. Un type important, semble-t-il. Un conseiller présidentiel, ou ministériel. Il s'est fait descendre. Elle hésite : jupe ou pantalon ? Les journalistes emploient des termes comme « commis de l'État », « serviteur de l'ombre », « affaire des frégates » ou même « soupçons de délit d'initié ». Elle zappe. C'est la même effervescence sur toutes les chaînes d'information. Une jupe droite assez longue, la grise en tweed, qu'elle met rarement. Retour en grâce.

Marguerite pourrait trouver un canal musical mais le matin, elle aime regarder les infos. Jonas dort encore. Il s'est couché tard. Elle l'a entendu rentrer dans la chambre, vaguelette à la surface de son sommeil. Il ne l'a pas embrassée. Rien d'étonnant : il ne l'a jamais fait. Pourquoi alors y a-t-elle pensé ?

C'est le deuxième individu de sexe masculin proche du monde politique ou de celui des affaires — au croisement des deux, précise un éditorialiste sentencieux — qui se fait dessouder en moins de douze mois. L'éditorialiste ne dit pas « dessouder ». Elle aime bien ce verbe. Elle voit le commissaire Valentin des *Brigades du Tigre,* un feuilleton qu'elle adorait. Personne dans son collège ne le regardait, on ne parlait que de *Buffy contre les Vampires* et *Sex And The City.* Sa mère ne jurait que par *Absolutely Fabulous,* l'histoire de deux vieilles alcooliques branchées ; un miroir de sa vie, d'autant que l'une des deux héroïnes était affublée d'une fille gauche et réfléchie à laquelle Billie comparait sans cesse Marguerite. Cette jupe en tweed est finalement trop sérieuse. Et si elle osait les leggings ? Un cadeau de sa mère, qui sait très bien qu'elle ne porte jamais ce genre de vêtement moulant, fût-il Chanel. Le journaliste prend un air grave très réussi pour demander aux experts réunis sur le plateau s'il y a un seul assassin derrière ces meurtres. On voit bien qu'ils ont été tirés du lit en catastrophe, la maquilleuse n'a pas pu faire de miracles — c'est peut-être un homme d'ailleurs.

— Il ne faut pas tomber dans la théorie du complot. Il n'y a jamais eu de revendications, les *modi operandi* sont à chaque fois différents.

Ils ne sont pas d'accord entre eux. Le plus jeune, exalté, est persuadé qu'une sorte de justicier solitaire punit les puissants qui fautent : Fitzman aujourd'hui, Franceschi hier, les Balkany l'an dernier. Elle se souvient vaguement de ce Franceschi, bien plus clairement du couple Balkany, qui régnait sur les Hauts-de-Seine, empoisonnés au restaurant quinze mois auparavant. À cause de cette fichue « édition spéciale », elle ne verra pas la météo. Elle passe sur la chaîne dédiée. C'est la pub. Une actrice vaporeuse propose d'acheter un parfum qui semble rendre fous les hommes. Marguerite a déjà vu sur Internet des photos d'elle à vingt ans sans maquillage, une mocheté. Rien n'est ce qu'il semble être, voilà la phrase qui lui traverse l'esprit. On distingue sa culotte sous les leggings. Elle enlève tout et remet les leggings sans culotte. *Wouaw!* Son cœur bat plus vite et elle rougit. Elle ne peut quand même pas… Elle en a envie pourtant, mais c'est comme si elle était nue. Grisant. Effrayant. Elle imagine les regards, dans le bus. Et celui d'Aymeric. Il risque de faire une attaque. Le tissu colle à son entrejambe, dessine son mont de Vénus. Elle a chaud. « Soyez vous-même », lui conseille la télévision.

Elle zappe.

Il était juif, bien sûr. Jacek a une méfiance instinctive envers les Juifs. Pas de haine, pas de rejet ; de la méfiance. Si l'on parle autant de leur pouvoir, de leurs réseaux, ce n'est pas par hasard. Au fond, il s'en fout des Juifs. Harold Fitzman aurait pu être bouddhiste qu'il n'en serait pas moins la victime numéro 28. Nouvelle chemise en papier semi-rigide, avec son nom au marqueur dessus. Jacek n'est pas très sûr de l'orthographe. Il sort acheter le journal et s'installe en terrasse. Il n'est pas huit heures. Il commande un demi et un café. Deux hommes passent devant lui, main dans main. Mariés, si ça se trouve. Cette idée le révulse. Le mariage, c'est un homme et une femme, point. Il a entendu les arguments des autres. Et en effet, qu'est-ce que ça change à sa vie que deux pédés se marient ? Ils vont bien vite se rendre compte de la connerie qu'ils ont faite. Le mariage est une arnaque. Qui évite sans doute à beaucoup de se sentir seuls. Il paraît qu'on peut se sentir seul au milieu des autres, que la dépression est le mal du siècle ; les gens n'arrêtent pas de pleurnicher sur leur sort. Lui n'a pas le temps. Trop de boulot. Il faut faire du résultat, pour les statistiques du ministère de l'Intérieur, alors on enchaîne les enquêtes, qu'on bâcle bien sûr, laissant de côté celles qui demandent trop d'investissement en hommes et en moyens —dans la police, on n'a plus ni les uns ni les autres.

Harold Fitzman, avec un seul n à la fin. Il en avait mis deux. C'est Freddy Galoso qui le premier a eu l'intuition qu'il y avait un lien entre ces meurtres étalés sur vingt-sept années. Jamais revendiqués. Freddy pensait que quelqu'un en voulait à des ordures, une sorte de Monsieur Propre faisant le ménage dans la vie politique. Personne n'a jamais pris son histoire au sérieux. Il a été déchargé de l'enquête mais continuait en douce, en dehors de ses heures de service. Un soir, un peu bourré, alors qu'ils discutaient tous les deux de la misère du monde, Freddy lui a parlé de son affaire, le «dossier javel» qu'il l'avait appelée, ce con. Il était drôle, Freddy. *Plouf!* Dans la Seine avec sa bagnole. Un premier janvier, ça ne pardonne pas. Il n'avait jamais rien réussi à prouver, pourtant. Pas le moindre commencement de piste, à part ce point commun: les victimes avaient toutes profité du système pour s'en mettre plein les poches.

Tous les mêmes, pas un pour racheter l'autre. Jacek a écouté des arguments, de beaux concepts —démocratie, citoyenneté—, qui n'ont pas empêché son paternel de finir alcoolique et chômeur après la fermeture de l'usine, rachetée par des bridés qui avaient promis de relancer l'activité et se sont barrés ailleurs avec le pognon des subventions. De beaux concepts qui n'ont pas empêché son grand-père de se faire exproprier quand ils ont construit la ligne à grande vitesse, puis de foutre le feu au bidon d'essence qu'il s'était versé sur la tête devant la préfecture. Et puis voter pour des types qui ne pensent qu'à faire les beaux à la télé et autorisent les pédés à se marier pour se faire réélire, très peu pour lui.

—C'est quoi, Krychowiak, ton problème avec les homos?

Il n'a pas de problème avec les pédés — il en a un dans sa brigade, d'ailleurs, un de ses meilleurs flics —, mais avec le mariage des pédés, nuance.

— Souvent, les gens qui sont contre, c'est qu'ils sont eux-mêmes des pédés refoulés.

Il n'a aucune envie de se faire enfiler, merci, et que ceux qui aiment s'en donnent à cœur joie. Mais le mariage... Non, le mariage, c'est un homme et une femme. Pour faire des mômes. Bon, sans doute que deux gaziers ou deux drôlesses ensemble n'auraient pas fait pire que lui en matière d'éducation. Il ne peut pas se vanter de celle de ses moutards : Patricia, conne comme un gnou, et Patrick, plus cossard, on fait pas. Il leur a toujours dit qu'il fallait se battre pour faire son trou, peu importait la filière qu'ils choisiraient. Ils n'ont rien choisi et glandent à la maison, protégés par leur mère, absolument pas décidés à quitter le confort du pavillon familial. Alors il a abdiqué. Parce qu'après une journée à se cogner des dégénérés en tout genre, il n'a plus envie de se battre avec ses mômes et sa femme une fois chez lui. Il l'a fait, au début. Il a balancé deux ou trois torgnoles, privé de dessert, de télé, de sortie. Résultat : Patrick et Patricia passent leur temps devant la télé et sur les téléphones hi-tech que leur mère leur a achetés contre son avis. Gamin, ses profs tiraient l'oreille, mettaient au piquet, et on ne mouftait pas. « Je t'aurai sans courir », lui disait toujours son père quand Jacek avait fait une connerie. Et en effet, au moment où il s'y attendait le moins, souvent à table le soir, la baffe partait. Il trouvait ça normal puisqu'il avait outrepassé les règles. « Un pédé refoulé », quand même, il l'aurait remarqué, non ? Bah, à force de vouloir savoir qui ils sont, les gens ne font plus rien.

Pas grand-chose sur Fitzman dans le journal. Une balle dans la tête sur le parking d'un hippodrome dans lequel il avait pris des parts, l'affaire avait valu à un ministre en exercice d'être accusé de prise illégale d'intérêts. Presque rien sur Fitzman mais un petit article page suivante sur de supposées « violences policières » à Montpellier. Ils savent à quoi on est confrontés, ces cons de journalistes ? Ils savent qui on a en face de nous ? Il s'est déjà battu, ce Réginald Frey qui signe l'article ? Il a déjà mis un coup de poing ? Ou même joué au rugby ? « Violences policières à relents racistes. » Parce que les collègues de Montpellier ont un peu rudoyé deux basanés, tout de suite, des relents racistes. Si les mecs avaient été allemands, le titre aurait-il été le même ? C'est leur faute, aux flics, si les délinquants sont des négros et des crouilles ? Bien sûr qu'il y a trop d'étrangers. Jacek le constate tous les jours un peu plus depuis qu'il est dans la maison poulaga. Au début de sa carrière, il avait affaire à des Corses, des Marseillais, des Toulonnais — des Français malgré tout.

— Et ton Sulak, là, dont tu nous farcis les oreilles, il était breton peut-être ?

Bon, parfois des Russes ou des Yougos, c'est vrai, mais en général, les gars des pays de l'Est (on les appelait tous « les Popov ») n'étaient que des hommes de main, pas des chefs. Aujourd'hui, c'est tout bamboulas, couscous et compagnie. Des petits délinquants qui se prennent pour des caïds, aucun code de l'honneur, des connards qui tirent dans le tas, qui mélangent dope et braquages, des putains de crevures venues de Roumanie ou d'Albanie, merci l'Europe et l'ouverture des frontières. Ils peuvent lever les yeux au ciel, les bien-pensants, expliquer que la mondialisation économique génère de la misère individuelle, que les jeunes des banlieues sont violents car des laissés-pour-compte de la République, c'est trop facile de les poser en victimes. Jacek voit bien que le problème est ailleurs : les crouilles et les négros qu'il traque ne sont pas français, ne se sentent pas français, n'en déplaise aux politicards la bouche toujours pleine de grands principes, pas un pour rattraper l'autre. Liberté, fraternité, mon cul ! Ces immigrés — Jacek dit « envahisseurs », rien à foutre de la tronche outrée de certains — ne pensent qu'à leur gueule, et « liberté » signifie juste « Je fais ce que je veux ». Qu'ils viennent faire un petit stage sur le terrain, les beaux parleurs en costards qui bavassent des Droits de l'homme avant de rentrer dormir dans un quartier insensible. Qu'ils viennent voir si Jacek et ses collègues coursent d'humiliés gens du voyage, de nobles et fiers gitans issus d'une belle culture *jobi joba* millénaire ou des saloperies de voleurs de poules qui parlent à peine français, ne savent pas écrire leur nom, prompts à sortir une lame. Dans les cités, Jacek se fait caillasser, tirer dessus, tombe dans des embuscades, et qu'on ne vienne pas lui dire que le dénuement de ces pauvres gens les pousse à ces extrêmes parce que lui aussi a été indigent. Un père aux trois-huit avant de se faire virer quand les hauts-fourneaux de Longwy ont fermé — d'ailleurs non, ils n'ont pas fermé tout seuls, ils ont été fermés, sans aucune considération pour les ouvriers et leurs familles. Sa mère faisait des ménages chez les rupins, on ne mangeait pas trois fois par jour et rarement de la viande mais ça filait droit. Le paternel ne rigolait pas avec les valeurs. Pas les principes abstraits des encravatés, les valeurs, du concret, dire bonjour, ne pas voler, rester propre, garder la tête haute — et sa dignité. La sienne, son daron l'a perdue d'une cirrhose à force de mauvais vin et de pastis frelaté. Jacek a été pauvre, très pauvre, mais jamais il n'a insulté un de ses professeurs, jamais il n'a violé une voisine avec ses potes dans une cave, jamais il n'a lardé un copain de coups de couteau pour une barrette de shit. Personne ne voit donc rien ? Ces femmes couvertes des pieds à la tête, ces barbus qui tiennent des quartiers entiers, ces branleurs dans des bagnoles qu'il ne pourra jamais se payer, même en fin de carrière. Personne ne voit que les méchants gagnent à la fin —les incultes, les violents, les égoïstes ?

Trop de putains d'étrangers, et si les pourris qui se partagent le pouvoir depuis des lustres sont aveugles, il semble à Jacek que le peuple, lui, qui subit l'invasion au quotidien, à qui on a appris à trimer pour mériter pitance, commence à se rebeller. La colère frémit. Il a joint la sienne à la leur, voté pour la première fois de sa vie l'année précédente, pris sa carte au seul parti qui défend son pays. Il n'en avait rien à cirer, de la France, avant. Son sentiment patriotique, ou nationaliste, il ne sait pas très bien comment le qualifier, est né par réaction. Il n'a vu l'eau de son bocal que quand elle a commencé à se troubler. À cause des impuretés. Mais ce n'est pas assez. Il veut faire plus, agir. Et il a sa petite idée de la manière à employer pour nettoyer la merde. Si sa théorie est bonne, si Freddy Galoso avait raison, il pourrait lui aussi bientôt être utile à son pays.

Il termine son demi et monte sur sa Ducati, direction le quai des Orfèvres.

Harold Fitzman est mort.

Il faisait encore nuit noire quand Delaroche a sonné Hans. Celui-ci l'a installé en position assise dans le lit, lui calant de grands coussins dans le dos, puis a allumé la télévision. Les gros titres, les éditions spéciales : comme prévu, cette raclure d'Harold Fitzman est mort. Hans lui a posé un plateau avec du jus d'orange et du cake aux fruits sur la table de lit, au moment où Mme Fitzman assurait que son mari était un homme généreux, un père exemplaire, un époux attentionné.

—Avec les cornes qu'elle avait, quel toupet ! ricane Delaroche.

Harold Fitzman est mort. D'une balle dans la tête. Rapide, efficace, sans douleur. On ne perd pas de temps à simuler des accidents, à échafauder des mises en scène. Que dirait Marguerite si elle savait que c'est lui qui l'a tué ? Sa toute-puissance. Sa volonté suprême. Sa contrition. Il a fait abolir la peine de mort, descendu l'âge de la majorité à 18 ans, empalé plus de femmes que Courcel et Berthier réunis, nom d'une pipe ! C'est passé tellement vite. Est-ce vraiment de sa faute s'il n'a rien fait, ou n'a-t-il pas eu le temps ? Comment voulez-vous qu'on trouve celui de réformer quand cela réclame tellement d'énergie de contenir les inimitiés à l'intérieur de son propre camp et de saper celui d'en face ? Alors quelques mesures symboliques, un grand projet architectural pour avoir son nom dans les livres à jamais, ce n'est déjà pas si mal.

Non, il se ment, il a été minable.

Les nazillons à 30%, c'est leur faute. La somme touchée pour enterrer le projet de l'aérotrain au profit du TGV lui a permis de restaurer son château de famille dans le Morvan. Jean Bertin, mort d'un cancer foudroyant ? La bonne blague ! Les Louvois de Cassac, la famille de sa femme, fabriquent des moteurs pour la SNCF.

Pourquoi Kadhafi ne le rappelle-t-il pas ? Ne devait-il pas venir sur la Côte d'Azur prendre un peu de bon temps ? Il faudrait qu'il lui présente Marguerite. Bandante. Il n'a jamais employé ce mot, ce n'est pas aujourd'hui qu'il ne bande presque plus qu'il va commencer. Il revenait par contre sans cesse dans la bouche de Berthier. Aymeric comprend ce qu'il recouvre quand il voit arriver Marguerite dans ce pantalon qui lui colle à la peau. Harold Fitzman est mort, ça aussi c'est bandant.

— Vous le connaissiez ?

Aymeric a un sourire inédit, presque méchant.

— C'était ce que l'on pourrait appeler un scélérat.

— On a dit ça de vous, aussi, après l'affaire des diamants, non ?

Mais qu'est-ce qui lui prend ?!

— Excusez-moi, bredouille Marguerite, je…

— Ne vous excusez pas, vous avez raison. J'ai été scélérat, parfois.

— Mon fiancé pense que la politique, ce n'est que du copinage et du business.

— C'est vrai.

— Que vous ne faites que peu de cas des électeurs.

— C'est vrai

— Vous n'avez pas honte ?

Aymeric entend la voix de sa mère. Il a fait une bêtise. « Répondez, Aymeric Gontran Fulgence Delaroche de Montjoie : vous n'avez pas honte ? » Sa mère inaffectueuse et hiératique. Marguerite ne juge pas. Sa question était innocente.

— Si. Bien sûr que si. Depuis quelque temps, en effet, j'ai honte.

Elle avait fini par le terrasser, la petite mamie du marché, avec sa phrase toute simple. « Vous pouvez tout et vous ne faites rien. » Aymeric ne s'en était pas rendu compte mais ces mots l'avaient rongé lentement, avaient grignoté l'acier de son cynisme pour devenir évidence. Trop tard.

Oui, il aurait pu au cours de son second mandat, un plébiscite face au candidat du Front National, réformer la France en profondeur. Il aurait pu préparer la sortie du nucléaire, de l'agriculture et de l'élevage intensifs, chercher à modeler une société plus équitable, à former une jeunesse citoyenne au lieu de modèles standards destinés au marché professionnel. Plus au centre que la plupart des membres de son parti, il était alors persuadé qu'il fallait baisser la durée légale du travail, freiner la spéculation, ré-étatiser certains pans de l'économie comme l'énergie ou les transports, donner plus de pouvoirs aux assemblées territoriales. Il aurait fallu repenser les modes de scrutin, la représentativité. Faire élire une Constituante pour passer à la VIe République. Il a joué petit bras. Tous les jours que Dieu fait, il bat sa coulpe de ne pas avoir agi — de ne même pas avoir pensé à agir. Si au moins il pouvait se dédouaner en invoquant des bâtons dans les roues : les forces obscures de la finance, un pays profond hostile aux réformes, une implacable entité supranationale, l'opposition des deux cents familles, des francs-maçons, des fonctionnaires, des gardiens de phares... A posteriori, Aymeric a compris qu'imaginer un tel chambardement n'était pas dans ses cordes. Il avait été programmé par le système pour perpétrer le système sans jamais mettre le système en danger, comme un robot qui se désactive au moment d'éliminer son concepteur, il a vu un film qui...

— *RoboCop,* monsieur, lui aura glissé Hans. La Directive 4 : une fameuse idée scénaristique !

Il s'était déjà battu pour arriver au sommet, il voulait jouir du panorama en toute quiétude, confortable, les pieds sous la table. Comme les autres, son seul vrai projet était de régner, il n'en avait aucun pour son pays. Il a bien essayé de se racheter depuis quelques années : il a publié des tribunes, écrit un livre rassemblant sa vision d'une nouvelle France (*Pour une France nouvelle).* Bien sûr, on lui a aussitôt rétorqué qu'il avait eu deux mandats pour appliquer ses idées, qu'il n'en avait rien fait, qu'il avait beau jeu de se présenter maintenant en donneur de leçons. S'était-il ouvert directement à Berthier de ses remords ou celui-ci en avait-il eu vent ? Il avait trouvé un Aymeric résipiscent et n'avait eu aucun mal à le convaincre.

— Vous n'êtes sans doute pas le mieux placé pour me répondre, mais pensez-vous qu'il y a une solution contre la corruption des politiciens ?

Elle est touchante, cette petite Marguerite, à tirer sur son T-shirt pour essayer de dissimuler son entrejambe, bien plus exposé que si elle ne portait rien.

— Ils ne scieront pas la branche sur laquelle ils sont assis, d'autant moins que la plupart n'ont pas du tout le sentiment d'être corrompus. Ils sont persuadés qu'il est normal d'accepter une enveloppe contre un service, ou des cadeaux pour leur femme, un appartement pour leur enfant, un voyage, un poste pour leur nièce. Ils sont persuadés d'être différents du commun des mortels, d'appartenir à un monde où l'on joue selon d'autres règles. Ils sont des élus, n'oubliez pas le sens religieux du terme. Lorsque certains pris la main dans le sac clament leur innocence alors que tout les accable, ils sont sincères.

— C'est effrayant… Des obsédés sexuels certains de bénéficier d'une impunité totale.

— C'est un bon résumé.

— Je n'avais pas… Je ne pensais pas que c'était la norme. Je pensais que les gens comme DSK étaient des exceptions, des malades.

— Dominique s'est fait piéger. Et par des gens qui profitaient bien de son réseau, croyez-moi. Dans certaines soirées, il n'y a plus d'étiquette politique qui vaille. Il m'est arrivé de voir deux députés qui s'étaient écharpés le jour-même à l'Assemblée besogner une fille ensemble quelques heures plus tard.

— C'est Jonas qui a raison, murmure Marguerite.

— Le sexe gouverne le monde ! s'exclame Aymeric.

— C'est désespérant...

— Je ne sais pas, mon petit, je ne sais pas. Mais ce pantalon moulant, c'est vous qui l'avez enfilé, ce matin…

*

Marguerite observe autour d'elle. Les corps en mouvement. Elle devient sensible à tous les signes, tous les gestes sexuellement connotés, intentionnels ou pas, que s'échangent les humains. À moins que la fréquentation poussée d'Aymeric Delaroche de Montjoie n'ait déjeté son regard. Désirait-elle séduire jusqu'ici ? Oui, sans doute. Ni plus ni moins qu'une autre. Elle a à cœur qu'on la trouve jolie, elle aime bien plaire. Aymeric en fait un argument pour justifier l'irréductible différence biologique entre mâles coureurs et femelles aguicheuses. Elle n'est pas assez intelligente pour le contrer. Elle a l'impression nébuleuse d'avoir vécu à la surface du monde où l'on se maquille, où l'on se fait belle. La fine membrane qui la séparait des profondeurs, des pulsions, des courtisans et des hétaïres, des dominantes et des passives, s'est déchirée. Comment a-t-elle pu être aussi imperméable ? Son sexe désengourdi aspire à une vie d'affranchi, comme un jeune adulte sur le point de quitter le domicile familial. Elle perçoit les regards masculins sur ses leggings, les sourires, presque la chaleur des corps. Les hommes deviennent visibles, palpables, potentiels. Elle sort le numéro de Jacek de son sac à main. Il ne répond pas. Elle lui laisse un message.

Il l'écoutera quelques minutes plus tard.

Un verre avec la fille de Billie ce soir ?... Pourquoi pas, après tout ? Il aime bien Billie. Parce qu'elle est drôle et chaudasse. Son corps part un peu en capilotade, elle radote pas mal mais au moins, ils s'éclatent. Son extravagance est réconfortante, léthéenne. Billie lui échappe sans cesse — il ne cherche pas à la retenir ou à la capturer mais à la saisir. Elle est plus visqueuse que lui. Une viscosité autre. Reptilienne. Celle du sang froid. Tous deux glissent sur leurs semblables — pas d'attrition. Que pourraient-ils lui apporter ? L'âme humaine, il connaît. C'est noir. Même quand ça semble lumineux, c'est noir. Elle lui veut quoi, cette Marguerite ? Un peu de piment dans sa vie ? Fait-elle partie de ces femmes qu'excitent les démons et l'aura de danger que se trimballent les mecs comme lui ?

Des descriptions, encore des descriptions… Marguerite s'en tape que le bar dans lequel la fille attend le mec soit à l'angle de la rue, qu'il fasse aussi tabac, que deux ou trois tables dehors permettent aux fumeurs de se les geler en hiver et aux touristes de se faire piquer leur sac en été. Elle s'en moque que le patron soit un Auvergnat bourru ou un Asiatique rigolard incapable de prononcer les /*f*/. Des banquettes en velours, quelques consommateurs, des serveurs non pas en tenue noire et blanche, comme elle les aime, mais en jean et T-shirt.

Elle a remis les pieds dans une librairie, aujourd'hui. En consultant les quatrièmes de couverture lui est revenu qu'elle n'avait pas seulement diminué son rythme de lecture à cause de la télévision, mais parce qu'elle trouvait de plus en plus difficile de creuser sous le permafrost des romans médiatisés pour dénicher son content. Son manque de confiance en elle l'avait poussée à conclure qu'elle n'était pas normale, qu'elle attendait trop de chaque livre, qu'elle devrait baisser son niveau d'exigence et tenter de trouver son plaisir dans les romans qui emballaient les prescripteurs —souvent, un peu de virtuosité dans le rendu des émotions leur suffisait. A contrario, de petites principautés défendaient avec virulence la Littérature, majuscule de rigueur, et encensaient des textes abscons, expérimentaux, conceptuels, pas sa tasse de thé non plus. Face aux étals de nouveautés, tout à l'heure, elle a suffoqué. Elle serait ressortie en trombe si le libraire ne l'avait arrêtée d'un souriant: «Je peux vous aider?» Elle a été incapable de répondre, a saisi le livre qu'elle venait de reposer et l'a tendu au gentil monsieur. Un bandeau rouge entourait la couverture. Elle est aussi seule en littérature qu'en amitié. Elle referme le roman —qui va dérouiller sévère sur son blog si elle trouve l'énergie d'écrire— et se connecte sur Facebook. On dirait qu'il leur arrive à tous des trucs formidables: ils ont plein d'amis, des commentaires sous leurs photos, on partage leurs statuts. Elle a le sentiment fugace de vivre pour de faux.

Elle écoute ses messages. Encore un de La Hyène, qui veut savoir où elle en est. L'éditrice n'ose pas se montrer trop comminatoire, Marguerite entend qu'elle se retient. DDM a bien précisé qu'elle n'avait de comptes à rendre qu'à lui, «et si la Vignal vous cherche des poux, n'hésitez pas à me le faire savoir».

Jacek entre dans le bar et la cherche du regard.

Jonas se connecte.

Dans la mosaïque des diffusées, il découvre une superbe *teenager* américaine, en pleine santé, insolente et frondeuse. Une *pom pom girl* à coup sûr. Qui permet qu'une telle splendeur existe loin de lui? Qui permet qu'elle passe ses nuits dans les bras d'un *quarterback* décérébré ou d'un GI Joe musculeux? Qui permet qu'une telle perfection ait pour seul avenir un mari assureur et un pavillon dans une *suburban bedroom community*, après avoir gâché ses plus belles années loin de la concupiscence de Jonas?

Seuls les Américains sont capables de produire un tel alliage d'innocence enfantine (de façade) et de perversion candide, chacun le sait mais personne n'explique pourquoi. La faute à la poupée Barbie ? Cette apparition est hors budget, bien sûr, une 120, et encore les filles comme elles n'acceptent jamais de *private show,* moins lucratif que de faire monter les mises pour montrer un ou deux tétons. Elle a plus de deux mille spectateurs en cet instant, qui lui balancent des jetons comme des VRP en goguette coincent les billets dans les jarretières des strip-teaseuses de Vegas. Son business est rodé, précis, tout est annoncé sous l'écran dans une profusion de paillettes et de couleurs criardes. On peut se faire envoyer une petite culotte, un soutien-gorge, des photos, des vidéos ; on peut s'inscrire au fan-club. On peut la voir sucer son boyfriend pour cinq mille jetons. À ce prix-là, on a le droit à un enregistrement de la performance. C'est bien le moins, non ? Certaines filles gagnent très bien leur vie grâce à KaMaSturba. S'il était une *cheerleader* de 16 ans, c'est ce qu'il ferait aussi. Tu choisis tes horaires, tu te caresses devant des pigeons comme lui et au bout de vingt ans, tu prends ta retraite.

Le voilà frustré maintenant, perdu au milieu de pseudos qui ne s'intéresseront jamais à lui, de femmes auxquelles il a envie de crier qu'il est un programmateur génial, sur le point de finaliser *PulsionS,* un jeu vidéo révolutionnaire, elles ramperaient toutes à ses pieds pour décrocher un rôle dans l'adaptation qu'en fera Hollywood. En attendant, il n'a aucune chance d'attirer l'attention d'aucune *pom pom girl* de KaMaSturba. Car il s'agir bien de cela, attirer l'attention, sortir du lot. Il ripe illico sur les pages des 5.

Il se laisserait bien tenter par Shaniceporn et ses lunettes d'intellectuelle mais il ne bande plus très dur. Même pour un *private show* à 5 jetons, le temps de discuter un peu, de redevenir dur puis de jouir, c'est au bas mot une vingtaine de minutes. Elle est mimi, tout de même, toute droite face à l'écran, n'offrant que son décolleté. Allez, il clique, trop tard, *« a private show has started »,* les 5 sont très demandées, quand il en reste une jolie il ne faut pas tergiverser. *« Show asshole »* lui demande Hardickjohn sur son tchat. Misère... Clarapoppins fera l'affaire, une Bulgare, l'air un peu épuisée mais s'il veut continuer à bosser sur la finalisation de *PulsionS,* Jonas n'a pas le choix : il doit se décontaminer, éradiquer les vibrions de luxure qui polluent ses humeurs. Et une seule solution est efficace.

C'était pire avant qu'il ne découvre ces sites d'exhib. Il pouvait sortir au beau milieu de la nuit traîner dans les quartiers chauds de Paris pour finir par se faire soulager dans un buisson par un travesti porte Dauphine. Il a testé les saunas échangistes un peu glauques à 50 € l'entrée, dans lesquels vingt mecs tournent autour des trois femmes présentes. Il a appelé de vagues connaissances à des heures indues, entamé des conversations avec des inconnues sur des sites de rencontres, a terminé dans des peep-shows crasseux le pantalon aux chevilles. Quand sa lasciveté prend les commandes, il est prêt à tout. Cela a commencé environ cinq ans auparavant, dans le virage de la trentaine ; avant, il n'était qu'un chaudard un peu lourd comme tant d'autres. Il se fait peur parfois, s'est réveillé certains lendemains en se maudissant, en se traitant de malade mental. Il sait pourtant qu'il lui suffit de se masturber et de jouir pour gagner du répit, éviter l'irréparable, mais sa concupiscence diabolique exige plus de lui : être vu.

Il voudrait pouvoir sortir dans la rue en short moulant sans être jugé, regardé de travers et pris pour un pédé ; s'oublier au point d'oser le faire, ne plus être bridé par la conscience de lui-même, son intériorisation des normes — la décence, la pudeur. Les indifférents seraient indifférents, les autres apprécieraient, il y aurait des filles en tenue translucide, d'autres en bikini, et pas de vieux dégueulasses comme sur la seule plage naturiste qu'il a osé fréquenter. Sans Marge. Elle pense que les naturistes sont des tordus. Et puis Marge, c'est la réalité, les convenances, le cadre. Un garde-fou.

Il demande à Clarapoppins, dont les seins lourds tendent une brassière de sport, si elle veut bien le mater.

Il s'est soulagé des dizaines de fois à l'aide de vidéos de filles en salle de fitness sans voir la solution qui crevait les yeux. Il a fallu qu'il passe devant la vitrine d'une vraie salle, derrière laquelle s'agitaient de vrais corps surlignés d'élasthanne, pour comprendre que le seul endroit où l'exhibitionnisme habillé est toléré (encouragé?), où tu peux porter du moulant sans qu'on te regarde de travers, c'est la salle de sport. Le seul inconvénient de la salle de sport, c'est le sport.

Toutefois, émoustillé en diable, Jonas se rua dans un magasin spécialisé pour acheter une tenue, cuissard long, merveille de technologie seconde peau, et T-shirt un peu lâche pour masquer son bide. Puisqu'il portait ses Converse, il décida de faire l'économie de baskets et retourna à la salle pour s'inscrire. Une apparition en tenue noire et fuchsia, débardeur sur *shorty*, je m'appelle Jennyfer avec un y, lui proposa alors de lui faire visiter les lieux.

—Je voudrais commencer tout de suite.

—On va visiter d'abord.

Jonas n'écouta rien des explications de Jennyfer: il était au paradis. Culs moulés, seins moulés, *cameltoes* courant sur des tapis, ramant, pédalant, visions enchanteresses à peine perturbées par la présence de deux ou trois barbus qui soulevaient de la fonte. Dans une salle à part, trois nouveaux succubes suivaient les consignes d'un prof virtuel projeté au mur: coudes au sol, corps tendu, sur la pointe des pieds et on tient, allez, encore, ça tire donc c'est bon, bravo, on continue !

— On peut faire du step, du yoga, des étirements, de la danse, quel que soit son niveau, expliqua Jennyfer.

Lorsque sa guide lui tendit la grille des tarifs, Jonas s'aperçut que le paradis était réservé au gratin, ce n'est pas un hasard si les pauvres ne pètent pas la forme. Il opta pour la formule d'essai un mois et remplit un chèque.

— Bienvenue chez *Body Élite,* Jonas ! Ici, on se tutoie et on s'appelle par nos prénoms. C'est une grande famille.

Changé, le pénis mis en valeur par son fuseau neuf, Jonas fit le tour de la salle en feignant de se demander par quel appareil il allait commencer sa séance. Hélas, les filles regardaient fixement droit devant elles, un casque sur les oreilles. Les trois bombes qui sortaient de leur cours avec un hologramme fixèrent ses Converse d'où dépassaient des chaussettes *Star Wars* et pouffèrent. Une Asiatique divinement agencée, à peine couverte d'un bustier orange et d'une culotte de même couleur qui semblaient peints sur sa peau, développait de belles foulées sur un tapis de course. Le tapis voisin était libre. Jonas y grimpa et appuya sur des boutons au hasard. Le tapis se mit en branle. Doucement, puis de plus en plus vite. Jonas avait du mal à suivre mais tâchait de ne pas le montrer, tout en cherchant une solution sur l'absconse console de commande. L'Asiatique souriait en le regardant, puis rit franchement lorsque le tapis accéléra encore. Jonas s'agrippait aux poignées. Il fallait absolument arrêter cet engin de malheur. « Il est cassé on dirait », haleta-t-il à sa voisine, partie dans un long fou rire. Soudain Jennyfer apparut et appuya sur un bouton. Le tapis s'arrêta net, si bien que Jonas en fut éjecté et se retrouva les quatre fers en l'air sur le sol.

— Tu dois porter des chaussures de sport, Jonas, le morigéna Jennyfer. Et poser une serviette sur les appareils avant de t'asseoir. Et quand tu ne sais pas te servir d'un engin, n'hésite pas à demander.

Clarapoppins est OK pour le regarder se branler contre un forfait de 50 jetons. Elle est plus stimulante que prévu. Il gicle loin, jusqu'à son enceinte audio. Merde ! Il va falloir nettoyer. Or il déteste le sperme.

— Comment ça, « il déteste le sperme » ?

Marguerite étouffe un rire bête et rougit. Jacek a à peine cillé.

— Il trouve ça dégoûtant.

— Ah bon ?

— Je te jure. Il peut à peine toucher le sien ou en avoir sur lui. Il faut qu'il s'essuie puis se lave tout de suite.

— Ça doit être pratique... ironise le flic.

— Il s'est même renseigné pour savoir s'il était possible de se faire opérer pour ne plus éjaculer.

Jacek lève le bras et commande un autre whisky. Il allume une cigarette. Il fume beaucoup. Marguerite comprend qu'elle ne l'intéresse guère.

— Pourquoi tu parles aussi peu ?

Jacek lui désigne d'un mouvement de menton le panneau publicitaire planté en face d'eux, de l'autre côté de la rue, sur lequel un énorme gâteau appétissant dégouline de chocolat.

— Ce dessert, toi aussi tu penses que « Ce serait un crime de ne pas en profiter » ?

— Heu...

— Un crime, je sais ce que c'est. Pas ça. Les mots ne veulent rien dire.

Quand même, on est bien contents de les trouver, les mots, de temps en temps, non ? Jacek lui fait toujours aussi peur. Il est sombre, mais sombre ! Beaucoup moins rigolo que Bruce Willis dans les *Piège de cristal* (Jonas, il dit « Les *Die Hard* »). Pour se rendre intéressante, Marguerite lui avoue qu'elle travaille avec Aymeric Delaroche de Montjoie sur les mémoires de celui-ci, que le vieil homme a encore des érections, qu'il est un peu obsédé —voire vicieux.

—Qu'est-ce que tu entends par vicieux?

Son incapacité à répondre fait découvrir à Marguerite que l'adjectif recouvre pour elle une large gamme de comportements, à peu près toute forme de sexualité qui ne vise pas la création ou l'agrandissement d'une famille.

—Plus on vieillit, plus ça nous travaille, nous les hommes. Pulsions de vie.

—Tu penses que les hommes et les femmes sont différents sur ce plan-là?

—De toute ma carrière, je n'ai jamais croisé une femme maniaco-dépressive ou schizophrène qui battait son mec ou ses enfants. Ni une femme qui découpait des mecs en morceaux après les avoir violés. Ni de femmes qui se montraient à poil à la sortie des écoles. Tous les tordus que j'ai croisés étaient des mâles, Marguerite. Tous. Alors je veux bien ton truc d'égalité, je m'en branle à vrai dire, mais qu'on ne me dise pas qu'il n'y a pas des hommes et des femmes!

—Il y a des mecs que le sexe n'intéresse pas.

—Je n'y crois pas.

—Le mien.

—Je parie que tu te trompes.

—Il ne s'intéresse qu'à l'informatique.

—Billie dit qu'il ne fout rien, qu'il vit à tes crochets.

De quel droit sa mère se permet-elle...? Marguerite est désarmée face à l'aplomb et aux certitudes des autres. Ne peut-on pas vivre heureux sans avoir d'opinions? Sans les asséner pour un oui pour un non? Aymeric lui a répondu que la République devrait apprendre à ses enfants à réfléchir et à débattre. Enseigner la discussion, la confrontation des idées. « Encore quelque chose que je n'ai pas mis en œuvre », a-t-il déploré.

Jacek a l'air de s'ennuyer, à présent.

— Aymeric m'a dit hier qu'ils allaient le tuer.

Le visage de son compagnon change. Il se penche vers elle. Il l'écoute, désormais. Il ressemble à un flic.

— Qui va le tuer ?

— Il n'a pas précisé. Il a dit « ils », comme s'il savait qui. Il a dit que c'était normal.

Marguerite regrette d'avoir trop parlé. Jacek paraît prendre ça au sérieux.

— Il débloque, tu sais, ajoute-t-elle.

Il débloque peut-être mais s'il y a un politicard qui est passé entre les gouttes, c'est bien Aymeric Delaroche de Montjoie. Ainsi, il se sentirait menacé ? Monsieur Propre prévient-il ses futures victimes ? Pour les faire mariner dans l'angoisse du châtiment à venir ? Mais si DDM a dit « ils », peut-être s'agit-il d'une organisation. Dont il aurait eu vent. Dont il connaîtrait les agissements. Jacek doit lui parler. Il se rapproche.

— Tu es sûre qu'il n'a rien dit d'autre ?

— Pourquoi tu t'intéresses à Aymeric, tout d'un coup ?

— Je ne peux pas te le dire. Mais si tu as d'autres informations, il faut me les donner.

— Il est en danger ?

Jacek se recule sur sa chaise et allume une cigarette. Marguerite a l'impression qu'il la scanne, regard fixe, tout en recrachant la fumée.

— J'en sais rien. Il a dit autre chose ?

— Il a parlé d'un certain Nino. Et de sa femme, Nina. Après il a parlé d'un livre. Puis il a dit que Nino n'existait pas. Et que Nina n'était pas le vrai nom de Nina. Il perd la tête, Jacek, conclut-elle d'une voix assurée.

Il a sorti un petit carnet débraillé de la poche de son

blouson, avec un élastique autour et des morceaux de papier qui dépassent de partout. Il prend des notes, puis referme le carnet. Il se lève.

— J'y vais.

Il saisit son casque et ses gants. Il ne s'approche pas d'elle pour lui faire la bise. La déception de Marguerite doit transparaître car il lance, en même temps qu'un billet de 20 € sur la table :

— On va se revoir. Bientôt.

Certes, il a des comptes à rendre, la hiérarchie et tout et tout, mais quand le commissaire divisionnaire Jacek Krychowiak dit qu'il prend deux ou trois jours pour vérifier un truc, en général, on lui laisse les coudées franches. Il a fait sortir aux petits génies de l'informatique tous les Nino qu'ils avaient en stock, toutes les Nina, et on a croisé les données. Les Nina sont ou des putes, ou des camées, ou les deux ; les Nino soit des forains foireux, soit des descendants de Ritals qui croient dans *Le Parrain* alors qu'ils grenouillent à Pantin.

Partons du principe qu'il existe une organisation, qu'importe sa taille, qui aurait commencé voici un peu plus de vingt-cinq ans à dézinguer des ripoux dans la sphère politique. Une organisation qui ne revendique rien. Pourquoi ? Parce qu'elle estime que les intéressés comprendront le message. De fait, les statistiques affirment que le nombre de politiciens inquiétés par la justice ne cesse de diminuer, et quelques magouilleurs bien connus se sont ces dernières années retirés du jeu. Cette organisation s'attaque aussi bien aux hommes de l'ombre (intermédiaires, porteurs de valises, directeurs de cabinet, etc.) qu'aux élus ou aux grands patrons. Cela requiert beaucoup de moyens logistiques et humains. Elle fait appel à des professionnels fiables : jamais elle n'a merdoyé un coup. Freddy pensait même, Jacek s'en souvient, que le ou les assassins avaient des complicités haut placées : certains meurtres avaient nécessité une connaissance parfaite de l'emploi du temps de la victime. Autre sujet d'étonnement : rien n'a jamais fuité. D'habitude, au hasard d'une affaire, on chope des infos sur une autre. Le monde du très grand banditisme n'est pas si vaste et peuplé : les mecs se connaissent, ont vent d'un coup qui se prépare, te refilent un tuyau contre un peu de mansuétude. Des complices parlent trop, se vantent, on finit par récolter quelques miettes. Dans l'affaire Monsieur Propre, rien. Jacek en a déduit que l'équipe est réduite et qu'elle n'a pas beaucoup bougé depuis trente ans. Donc elle est vieillissante. Y compris les exécuteurs ? Il a déjà cherché la trace de nettoyeurs fichés qui auraient été nettoyés à leur tour peu après un des assassinats commis par Monsieur Propre (tuez le tueur et la piste s'arrête, grand classique) ; là encore, R.A.S.

Freddy avait fouiné du côté d'anciens barbouzes : il avait fait l'hypothèse qu'après le *Rainbow Warrior* et l'affaire des Irlandais de Vincennes, certains auraient pu avoir des envies de faire le ménage de l'intérieur dans les antichambres de la République. Si Monsieur Propre a ciblé Aymeric Delaroche de Montjoie, ce serait son plus gros coup. Mais pourquoi un homme déjà presque mort et qui n'a plus qu'une influence limitée ? Soit c'est pour faire un exemple, soit Delaroche sait trop de choses sur Monsieur Propre.

Ou alors Marguerite a raison, l'Ex déraille.

Parfois il déraille vraiment, elle en panique. Quelles mystérieuses connections ne se sont pas établies pour qu'il réponde qu'il est fatigué par le décalage horaire quand elle lui demande en arrivant comment il va ?

—Le décalage horaire ?
—Oui. J'étais à Montréal, je viens de rentrer.
—À Montréal… Combien de temps ?
—Une semaine. J'ai rencontré la *Prime Minister.* Une jolie brune de 39 ans.

La première fois qu'un tel délire a frappé Aymeric en sa présence, elle a cru à une blague ; elle sait ce matin qu'il est persuadé revenir du Québec. Il lui raconte le dîner officiel. Fascinante collision de deux réalités, et après tout pourquoi la sienne serait-elle plus valable que celle du vieillard ? Si hier ne signifie plus « la veille » mais « à un moment dans le passé », Aymeric cesse d'être un grabataire qui débloque. Marguerite, qui les premières fois essayait de le rattacher à un fil chronologique commun, décide de suivre celui de l'Ex. Elle lui pose des questions sur le menu, rit avec lui de la poésie brute des québécoiseries qu'il lui relate avec l'accent (« Elle avait un p'tit cul racing. Elle était vraiment amanchée pour veiller tard et faire de la broche. ») Elle écoute avec attention le vieux grivois lui raconter que sa voisine de gauche ne portait pas de culotte et avait, impassible, moitié sous sa serviette moitié sous la lourde nappe empesée, relevé sa jupe jusqu'en haut des cuisses. Il avait de son côté laissé sa quincaillerie à l'air libre et le repas avait été ponctué d'attouchements. Il se félicite de la mentalité libérée de nos cousines d'outre-Atlantique.

—Même si je dois reconnaître que vous vous êtes beaucoup améliorée sur le sujet.

—Vraiment ? demande Marguerite, les sangs déjà un peu échauffés.

—Oui. J'apprécie ainsi que vous portiez des jupes plus courtes. Et je goûte les dentelles que laisse deviner l'échancrure de votre chemisier. Auriez-vous la bonté de défaire un bouton supplémentaire ?

Il la trouve jolie, ravissante dit-il souvent. Il a aussi déjà affirmé qu'elle était subtile. Elle défait son bouton, puis un second. Il n'a peut-être pas été un très bon président, mais c'est un homme distingué.

—Votre femme, elle savait ?

—Elle ne voulait pas savoir.

—Mais elle savait.

—Cette génération, dans cette couche sociale, a été éduquée ainsi, Marguerite. À faire la bête à deux dos dans le noir, à n'en retirer aucun plaisir et n'en attendre qu'une grossesse.

—Vous dites « couche sociale »...

—Pardon ?

—Vous dites « couche sociale », pas « classe sociale »

—Ah oui, c'est vrai.

—Vous dites aussi des bêtises. Vous simplifiez. Ces femmes-là auraient toutes été fabriquées selon le même modèle et n'auraient pu changer ?

—J'évoque une tendance lourde, ne vous faites pas sottement féministe. Et c'est pareil pour nous, les mâles de cette génération. Nous sommes tous phallocrates et infidèles. Ma très chère Marie-Charlotte a appris à regarder ailleurs, à supporter sans souffrir ce que vous auriez pris pour une humiliation. Je respectais mon épouse. Je n'ai respecté aucune des femmes avec lesquelles j'ai couché.

—Pourquoi ?

—Parce qu'elles m'ont vu faible. Parce qu'elles m'ont tenu en leur pouvoir, même quelques minutes, même une seconde. Vous avez vu *Les Affranchis ?* Cette scène où Robert de Niro je crois explique pourquoi il va voir des prostituées : parce qu'il ne veut pas que son sexe touche la bouche qui embrasse ses enfants. Voilà, c'est ça mon éducation ; même si bien sûr personne n'employait jamais ces mots-là.

—Vous croyez que votre femme n'a jamais joui ?

—C'est possible, Marguerite, c'est possible. Bon sang, c'est terrible !

—Moi non plus je n'ai jamais joui.

Du moins n'est-elle pas sûre d'avoir déjà croisé l'orgasme, mais avec qui en parler ? Elle est entourée de jouisseurs. Sa génération ne quête que cela. Sa mère lui dirait : « Mais qu'est-ce que t'attends ? » Sidonie et les filles diraient : « Noooooooon ? Mais c'est horrible ! » Elles auraient des mines compatissantes, des postures confidentes, et à peine aurait-elle tourné le dos que ça jaserait sec sur son compte. À la réflexion, elle est certaine de n'avoir jamais joui. Elle a tressauté, parfois. Les vibrations du grand-8, au pied duquel elle est toujours restée. Comment expliquer qu'elle s'en moque ? Elle peut très bien vivre sans. Elle ne se caresse pas non plus. Le sexe est comme le foot à la télé : elle peut en regarder de temps en temps mais cela ne l'intéresse pas.

—Tu veux pas que je t'explique les règles, bébé ?

—Non, ça va, je comprends.

Jonas se tournait alors de nouveau vers l'écran et elle continuait distraitement à suivre les mouvements de shorts en rêvassant. Elle n'a jamais parlé sexualité avec lui. Les garçons n'en parlent pas de toute façon. Ils font à leur idée et pensent que ça va de soi. Puisqu'ils bandent, puisqu'ils pénètrent, puisqu'ils vont et viennent, la fille ne peut pas ne pas prendre son pied. Regarde comme je suis dur. Tu m'excites. T'aimes ça, hein ? Non, je n'aime pas, désolée.

—Vous disiez des choses pendant l'acte ?

—Des… choses ? Je crains de ne pas bien comprendre votre question, Marguerite.

—Vous savez, des mots crus, des obscénités. Ça vous stimulait ?

— Je n'arrive pas à croire que vous me posiez une telle question…

— Moi non plus.

Fanny est soft, « Oui, comme ça », « Mmm, c'est bon », Sidonie s'adapte à son partenaire et Caro adore commander, « Tu me remplis bien », « Vas-y, pilonne-moi, défonce-moi la chatte ! »

— Tu dis vraiment des trucs pareils ? a demandé Marguerite, soupçonneuse.

— Ça me rend folle ! Et les mecs adorent, ils me baisent encore mieux !

— Mais c'est pas un peu… Enfin… Ça t'est venu comment ? C'est bizarre, non ?

— Cette présentatrice d'émission pour enfants à la télévision… Ah, comment s'appelait-elle ? Avec un grand nez et une queue de cheval… Bref, elle criait, mais elle criait ! J'avais l'impression d'être Valmont, Sade et Casanova à la fois. Et cette comédienne vedette qu'ils surnommaient « La beauté glacée ». Tu parles ! En plein dîner mondain, elle se penchait à votre oreille pour y glisser qu'elle était trempée et se prendrait volontiers un coup vite fait !

Le soir même, Jonas met des noms sur chacune des anecdotes salaces d'Aymeric, demande des détails, s'en régale comme de la lecture de ce qu'il appelle « torchon people ». Lorsque Marguerite s'inquiète de la santé d'Aymeric, Jonas retourne devant son ordinateur en haussant les épaules.

— En tout cas, on ne l'a pas raté, cette pourriture de Fitzman. Comme le Corse. Le Corse qui avait commencé à se douter de quelque chose. Il lâchait des allusions, des vannes. Il avait toujours un réseau d'informateurs très performant. Lui ne regrettait rien. N'a jamais rien regretté. Il les moquait, les *pentiti,* comme il disait. Crise cardiaque. Il se croyait intouchable. *Adios,* le Corse ! Et Fitzman ? *Adios, amigo !*

Aymeric tourne en rond avec cette histoire. Puis il revient au présent, au réel, ou repart dans un conseil des ministres, monologue ses souvenirs incohérents, comme si Marguerite n'était pas là. Elle enregistre alors avec son téléphone. Et retranscrit sur son ordinateur le soir à la maison. Elle a trouvé sur Internet des renseignements sur une maladie appelée démence vasculaire, qui occasionne parfois des troubles de la mémoire. Quand l'Ex s'échappe dans des contrées inaccessibles et que le dialogue n'est plus possible, elle va prévenir Hans puis se retire. Elle se demande si le majordome les espionne. Est-il marié ? À quoi ressemble-t-il sans sa livrée ? Tout nu ?

— Ah, Berthier, entre ! Entre !

Marguerite se retourne. Quentin Berthier est sur le seuil du salon. Elle sait qu'il a été ministre de la Justice d'Aymeric et instigateur de la loi abolissant la peine de mort. Un homme respecté, qui porte encore beau.

— Je te présente Marguerite. C'est une… c'est ma…

— Une nièce éloignée de M. le Président, complète Hans, entré à son tour.

L'ancien avocat et ministre regarde la poitrine de Marguerite, puis plante un regard vif dans le sien. Il n'est pas dupe.

— Venez, Marguerite, je vous raccompagne, reprend le majordome.

Ils sortent. Quand Hans revient, Berthier l'attend dans le couloir.

— Ne me dites pas qu'il couche avec elle ! fulmine celui-ci.

Hans ne répond pas.

— Non mais vraiment, Marguerite, vous couchez avec lui ? Avec DDM ?

La question de Jacek l'aurait choquée autrefois. Elle a envie de le provoquer. Elle ne dit rien et décoche au flic un sourire énigmatique. Il l'attendait près de l'arrêt de bus qui dessert l'hôtel particulier d'Aymeric. Lorsqu'elle lui demande s'il l'a suivie ce matin, il ne nie pas.

— Il faut que je lui parle !

— Pourquoi ?

— C'est très important, fais-moi confiance.

— Je ne te connais pas.

— Bon sang, arrête tes simagrées, c'est sérieux, là !

— Tu pourrais vouloir le tuer. Mon mec veut bien le descendre alors pourquoi pas toi ?

— Ton mec veut le descendre ?! tombe des nues Jacek.

— Oui, bon, c'est juste des mots, il ne fera jamais rien.

—Je pense en effet qu'il est inoffensif. Une grande gueule.

—Tu connais Jonas ?

—Je me suis renseigné.

Marguerite voudrait s'insurger mais la douce griserie de la flatterie l'en empêche.

—Je dois rencontrer DDM, insiste Jacek.

—Tu crois qu'il est en danger ?

—Tu comprends pourquoi l'armée et la police sont plutôt un truc de mecs ? Quand il faut agir, vous continuez à poser des putains de questions ! Quand tu retournes chez lui cet après-midi, tu lui dis qu'un bon ami à toi veut le rencontrer.

Aymeric croise les mains sous son menton.

—Comment se fait-il, Marguerite, que ce « bon ami » sache que nous nous voyons ? Ne deviez-vous pas n'en parler à personne ?

—Je... j'ai fait une exception.

—Votre fiancé ?

—Non.

—Tant mieux. Parce que lui n'est pas très proche de mes idées, je me trompe ?

—Que... comment le savez-vous ?

—Je me suis renseigné.

Décidément, si Jonas savait l'enthousiasme qu'il déclenche...

—Alors, qui est ce « bon ami » ? demande Hans à Marguerite à la fin de la journée.

—Je... Quoi ?

—Allons, mademoiselle Santa Lucia, vous vous doutez que monsieur le Président est protégé. Que n'importe qui n'entre pas ici.

—Oui, bien sûr, mais je me disais... un ami...

—Pourquoi pas ? Je dois seulement recueillir des informations sur lui avant. Vous comprenez, n'est-ce pas ?

Berthier était dans une colère froide ce matin. Il avait mené sa petite enquête sur Marguerite. « Vous savez qui est sa mère ? avait-il lancé. Et qui est l'amant actuel de sa mère ? Et sur quoi enquêtait le meilleur ami de l'amant actuel de sa mère ? S'il remonte jusqu'à Nina, on est cuits ! » Hans avait baissé la tête. Il trouvait que Berthier s'inquiétait pour un rien. Il lui rebattait les oreilles avec sa Nina — Hans n'osait lui demander d'où elle sortait. « Le manuscrit, tout est dedans. »

— Oui, je comprends, murmure Marguerite.

— Et permettez-moi d'ajouter que si l'ami en question s'appelle Jacek Krychowiak, ce n'est même pas la peine d'y penser.

Marguerite veut protester. La porte de l'hôtel particulier est déjà refermée.

Aymeric, il ne s'en cache pas, suit volontiers les retransmissions de compétitions sportives féminines quand des corps assez peu cachés s'y déploient. Sa libido se moque bien des résultats et des records. Marguerite a été tellement estomaquée par cet aveu —il faut être pervers au dernier degré pour trouver aguichantes des nageuses sur un plot de départ, non?—, qu'elle décide le soir même d'en parler à Jonas ; en louvoyant, sinon on repart pour vingt minutes sur le vieux non seulement facho mais libidineux : « J'ai lu dans un magazine que ça excitait certains mecs. »

—C'est vrai.

—C'est... vrai? s'étrangle-t-elle. Comment ça, c'est vrai?

—Aucun homme ne regarde l'athlétisme ou le tennis féminins pour les performances sportives.

—Quoi?! Tu veux dire que... tu mates? Tu mates les athlètes à la télé? Ça t'excite?

—Ça m'excite, ça m'excite, c'est vite dit. Ce n'est pas désagréable, disons.

—Et tu te... *hun hun,* après?

Elle mime très vite le va-et-vient d'une masturbation masculine. C'est ridicule. Jonas lève les yeux au ciel.

— Non. Enfin... Non, non.

Pas le moment d'avouer à Marguerite qu'il a dans son disque dur un dossier « Sport_X_Pics ».

— *Beurk,* c'est dégueu !

— Se masturber n'est pas « dégueu », bébé.

— Ne m'appelle pas comme ça ! Ne me dis plus jamais « bébé » alors que tu te fais du bien en reluquant des sprinteuses ou des hockeyeuses ou je ne sais quoi...

— Je préfère le volley-ball.

— Mais tais-toi ! hurle Marguerite en lui balançant un coussin. On est ensemble depuis cinq ans trois mois vingt et un jours, et j'apprends que tu te tripotes en matant des putes à la télé ! Comment je suis censé le prendre, hein ?

— C'est très féministe, ça, de traiter les sportives de putes, raille Jonas.

— C'est ainsi que tu les vois ! C'est toi qui déformes tout !

— Marge, calme-toi maintenant. N'en fais pas une montagne. Je dis seulement que c'est agréable de regarder un joli corps de femme, rien de plus.

— Tu parles ! Quand je pense que je te donne en exemple quand mes copines me parlent de leur vicelards de mecs !

Marguerite se met à pleurer. Trop facile, se dit Jonas. Il ne la prive de rien quand il se branle, si ? Qu'est-ce que ça change, ce qu'il fait en son absence ou pendant son sommeil ? Ce n'est pas du temps à eux, c'est son temps à lui, son monde à lui, frangé de ses envies à lui. Il a le sentiment d'avoir cassé un bibelot précieux. On peut le recoller mais on verra toujours les traces de colle, de minuscules éclats manquants. La seule solution dans ces cas-là, c'est de jeter le bibelot. Au bout d'un moment, on oublie l'avoir jamais eu, posé là sur le manteau de la cheminée.

Un autre le remplacera bientôt. Quand même, Marge exagère — ce verbe lui fait à chaque fois penser à Mick Jagger. N'importe quel mec aime regarder une petite sprinteuse jamaïcaine sublimée par le Lycra®, non ? Elle relève la tête. Jonas trouve un peu dégoûtant la morve qui la pollue. Il ne lui a jamais vu ce regard.

— Allez, maintenant que c'est la grande confession, tu as des images pornos dans ton ordinateur ?

— Qu'est-ce que ça peut te faire ?

— Je veux savoir ! J'ai le droit de savoir avec qui tu me trompes ! J'ai le droit de savoir ce qui excite mon gros porc de copain ! Alors ? Des films ? Des photos ? T'es plutôt *teen* ou *MILF ?*

— Oh, je t'en prie... soupire Jonas, agacé.

— Mets-toi à ma place ! Tu ne m'avais jamais parlé de tes petits travers d'obsédé !

— Tu comprends pourquoi, à présent ? On dirait bien que tu n'avais pas envie de l'entendre...

— Mais qui a envie d'entendre ça, hein ? Quelle femme a envie d'entendre que son mec se caresse en regardant Serena Williams à Wimbledon ?

— Et voilà, t'exagères encore !

« Brown Sugar, how come you taste so good / Brown Sugar, just like a young girl should... »

— Je ne veux pas d'un mec que ça excite d'aller mater en douce d'autres filles sur Internet.

— T'es pas près d'en retrouver un, alors, lance Jonas en enfilant son blouson.

— Tu fais quoi ?

— Je me casse. Je travaille dur, figure-toi, c'est pas pour me faire agresser par une hystérique en fin de journée.

— Tu parles d'une solution, la fuite ! On pourrait discuter, au moins.

— Discuter de quoi ?

— De tes problèmes, Jonas !

— De *mes* problèmes ? La discussion est finie avant même d'avoir commencé !

Jonas lace ses baskets. Il impose le changement de chaussures à l'entrée de l'appartement, où on ne pénètre qu'en mules, savates, charentaises ou chaussons, au pire en chaussettes mais il ne trouve pas cela très hygiénique. Ce qui incite peu à lancer des invitations à dîner et explique à coup sûr le déclin des soirées karaoké. Marguerite veut que Jonas entende son indignation. Elle est dans son bon droit et doit lui faire comprendre qu'il a un comportement déviant. Il ouvre la porte.

— Attends !

— Quoi ?

Jonas la toise. Elle se recroqueville en elle-même, imperceptible repli qu'il a aussitôt flairé. Il a le dessus désormais et le sait. Une faille et il s'y engouffre ; une faiblesse et il en profite.

— Quoi ? répète-t-il avec un peu plus de hargne.

— Ce… ce n'est pas une solution.

Il ne répond pas. Elle étouffe, paralysée. Jonas s'approche d'elle. Il ferme la porte. Il plaque Marguerite contre le mur. L'embrasse dans le cou. Sur le buste. Pas un baiser amoureux, sur les lèvres, doux ; un acte de possession. Sa manière de demander pardon ? Elle lance deux bras mécaniques autour de son cou. Il prend cela pour un encouragement sans doute car il lui arrache son chemisier. Les larmes montent aux yeux de Marguerite. Elle lui martèle le dos de petits coups de poings, de plus en plus fort quand il tire son soutien-gorge vers le bas pour lui bouffer les seins. Il lui fait mal. Il est dur, elle le sent contre sa jambe. Elle n'a pas envie. La main de Jonas lui trifouille l'entrejambe n'importe comment. Elle ne s'ouvre pas. Reste sèche. Jonas ne semble même pas le remarquer. Il s'écarte d'elle pour dégrafer et baisser son pantalon. Son gros machin dodeline à l'horizontale. Marguerite serre contre elle les pans de son chemisier et s'esquive ; pas assez vite, il lui attrape le bras.

— Aïe ! Tu me fais mal !

Il essaye d'arracher sa culotte, qui tient bon.

— Non, Jonas, arrête.

Il n'arrête pas. Il presse sa main libre sur les fesses de Marguerite et l'attire à lui. Elle le gifle.

— Ah ouais, tu veux jouer à ça ? lâche-t-il d'une voix lente.

Il la retourne et la colle contre le mur. Marguerite ne peut plus bouger. C'est peut-être un bon moyen de se réconcilier, après tout. Si elle faisait un effort ?

— Embrasse-moi d'abord, supplie-t-elle.

Il ne répond pas. Il lui écarte la culotte. Elle l'entend cracher, puis des doigts humides et froids entreprennent de lui lubrifier le sexe.

Aymeric s'est gargarisé de ce qu'il n'avait jamais eu besoin (*sic*) de forcer une femme.

— Si votre partenaire s'est sentie obligée parce que c'était vous, j'appelle ça un viol, a répliqué Marguerite. Vous avez fait usage de la force, même si elle n'était pas physique.

Pour une fois, il n'a rien répondu. Il avait le regard fixe. Deux larmes ont commencé à rouler sur ses joues hâves.

— Si vous saviez ce que je regrette… Si vous saviez tout ce que je regrette.

Marguerite avait toujours eu la vague impression que les politiciens d'antan avaient plus de carrure et de charisme, qu'ils dirigeaient parce qu'ils étaient plus intelligents, plus cultivés que la moyenne, ce pour quoi ils étaient respectés et admirés. Aymeric ne manque pas de s'en prévaloir, d'ailleurs. Il méprise les élus actuels, des « stratèges et des braillards ».

— Un « président normal », quelle ineptie ! Un président ne doit justement pas être normal. Un chef n'est pas une personne ordinaire.

— Vous étiez peut-être plus brillants que vos successeurs, mais cela vous a-t-il empêchés d'être aussi parfois pour certains des menteurs, des corrompus ?

— Non, bien sûr. On peut avoir des goûts très raffinés et être absolument immoral. Peut-être l'avons-nous oublié…

— Ou alors vous ne l'avez jamais su. Je ne crois pas que vous aimiez beaucoup vos semblables.

Marguerite se mord l'intérieur des joues. Jonas force le passage. Elle ne pleurera pas. Elle ne dira rien.

— Aimer mes semblables ? Quels semblables ? Ces assemblages imparfaits d'émotions et de vils instincts seraient mes frères ? Vous n'y pensez pas ! Mes semblables sont rares et je ne les aime pas. Je les respecte, je les admire parfois mais aucun amour. Aucune amitié, même.

— Parce que les émotions seraient basses ? Méprisables ?

— Dangereuses. Surtout pour qui aspire à gouverner.

— On pourrait gouverner les hommes sans être en empathie avec eux ?

— Oui. Je connais les hommes et

Tirade tranchée d'un éclat de rire.

— Vous n'avez jamais eu faim, reprend Marguerite. Jamais perdu votre boulot, jamais compté en fin de mois. Arrêtez de vous mentir.

Jonas est énorme et très rigide à présent. Peut-être que la torture ne durera pas longtemps. Marguerite ferme les yeux et essaie de se concentrer sur autre chose.

— Vous avez peut-être raison, mon petit. Je n'ai fait que jouer. Tout cela était irréel. Des chiffres, des prévisions, des rapports, des sondages, des budgets, des lois.

— Vous n'avez pas envie de vous racheter, parfois ?

— Oh mais je le fais. Je le fais.

Deux *Pater* et trois *Gloria Patri?* Un don annuel défiscalisable au Secours Populaire?

—Tenez par exemple, la mort de

La porte s'est ouverte sur Hans, qui portait un plateau.

—Je vous ai préparé du thé, monsieur.

Jonas s'énerve parce qu'il ne parvient pas à la pénétrer. Marguerite a mal mais si elle l'exprime, il ira plus loin.

—Écarte tes putains de jambes!

Il regrette de ne pas avoir son portable dans sa poche, il aurait pris une photo pour la mettre sur son Tumblr. Il aime ce réseau parce qu'il y trouve des centaines d'autoportraits de filles plus ou moins nues qui prennent en photo leur propre reflet dans un miroir. Elles sont là, manifestes, réelles, tangibles presque ; elles le regardent, le défient, l'invitent, malicieuses et souriantes, taquines, crâneuses, dans le décor banal de leur salle de bains ou de leur chambre. Elles sont plus vivantes que Marge et son sexe râpeux qu'il a du mal à pénétrer. Il y parvient pourtant, centimètre par centimètre, mais plus il pense aux selfies érotiques glanés sur le Web, plus il devient dur et moins il est simple de s'enfoncer.

Prendre une photo aurait été bien quand même, sa queue au tiers entre les fesses peu coopératives de Marge. En général, il poste sur son Tumblr des images de lui prises sur le lit ou assis à son bureau. Elles ressemblent —et il le déplore— à celles de tous les autres mecs. Il aimerait en faire de belles, avec du grain ou du contraste, des cadrages audacieux, un gros plan de temps à autre, mais toutes ses tentatives sont ridicules. Beaucoup d'hommes aiment montrer leur sexe sur Internet, heureusement qu'il a la taille pour se démarquer un peu du tout-venant. Il sait que Marge va finir par mouiller, mécanisme de défense du corps pour limiter la douleur puisqu'il n'a pas été capable d'éviter l'intrusion. Il va et vient en elle maintenant. Elle va commencer à y prendre plaisir. Elle ignore ce qu'elle veut, elle ne sait pas ce qu'elle aime, il la décoince — peut-être un jour qui sait?... C'est comme la politique: il doit tout lui expliquer, lui faire prendre conscience des choses. Et puis c'était quoi, cette manière de le provoquer? C'est nouveau, ça? Ainsi, elle pense qu'il a des problèmes? Il va lui montrer, tiens, s'il a des problèmes. Elle va le sentir passer, son gros problème. Oh oui elle le sent passer. Elle se cambre pour tenter d'atténuer l'inconfort que provoque le membre dans son vagin.

— Voilà, Marge. Tu vois que quand tu veux, tu peux être gentille.

On dit qu'elle est gentille, c'est vrai. Elle le sait. Parce qu'elle ne fait pas de bruit, parce qu'elle n'a pas une grande gueule comme Fanny, qu'elle ne met pas son corps en avant comme Sidonie, qu'elle n'est pas dans la compétition comme Carole. Elle ne jalouse personne, ne se venge pas. Carole, elle, a fait licencier son ex, qui avait eu la mauvaise idée de la quitter ; il est toujours au chômage. Marguerite ne comprend pas ce que signifie « réussir », n'a pas d'ambition. Elle a suivi des études de lettres parce qu'elle aime lire et qu'il fallait bien s'inscrire à la fac. Jonas, lui, a quitté l'école à 14 ans. « Je suis autodidacte, moi! » C'est sa médaille, sa croix de guerre. Il est beaucoup plus soûlant avec ça que Carole avec son bac+7. Il fait plein de fautes d'orthographe. Elle s'en agace. « Pas besoin de savoir écrire pour réussir dans la vie. » Réussir, encore. Personne autour d'elle ne se demande ce que ça signifie, « réussir ». Elle non plus. Et Jonas a raison: maîtriser la langue française ne sert plus à rien. Elle le déplore. Mais a suivi le mouvement. Alors qu'elle s'était juré de ne jamais, sauf cas d'urgence, envoyer de SMS, encore moins avec des *smileys,* elle textote désormais en langage abrégé. Elle n'écrit plus de cartes postales, auxquelles personne ne répondait de toute façon. « L'écriture, les livres, c'est fini, tout ça. L'ancien monde. » Elle le déplore aussi. Elle a acheté une liseuse. Carole ne lit jamais un bouquin et pourtant, elle occupe un poste important, gagne en un mois ce que Marguerite touche en un an, n'en a jamais assez.

Aymeric possède une superbe bibliothèque, constellée d'éditions rares. Il a très peur qu'elle soit dispersée à sa mort, éparpillée entre des bouquinistes peu scrupuleux et d'affairistes collectionneurs. Les moments avec lui sont des oasis. Sauf quand La Hyène lui rappelle qu'il faudrait peut-être avancer : « C'est moi qui vous paye, pas Delaroche. »

Jonas accélère le rythme. Il lui tire les cheveux. Elle ne sent rien. Elle s'est mise sur pause. Quand il éjacule dans un râle, elle reste immobile. Le sperme lui coule dans l'intérieur des cuisses. Elle s'en fiche. Ne pas bouger. Elle entend Jonas se rhabiller. Une ou deux minutes plus tard, la porte d'entrée claque. Marguerite est tétanisée. Les muscles de ses jambes lui font mal et refusent de lui obéir.

*

Marguerite marmonne pendant dix minutes en s'agitant dans l'appartement. Elle dit à son enfant qu'elle lui trouvera un autre père. Un qui aimera maman normalement. Avec beaucoup de tendresse. C'est Eugénie, ce soir. Une fille. Avec une robe bleue à volants. Maman va s'occuper du dîner, Eugénie. Oui, tu peux rester avec maman dans la cuisine et dessiner pendant quelle prépare la salade. Marguerite a les larmes aux yeux quand elle découvre une limace dans sa laitue. Trouver un organisme vivant entre les feuilles de la salade achetée à l'épicerie bio est la preuve qu'elle a raison, que c'est de la vraie salade qui provient d'un vrai potager, qu'elle n'empoisonnera pas sa fille. Celle-ci lui fait savoir avec une véhémence boudeuse qu'elle n'aime pas la salade ; comme si Marguerite ne le savait pas. Il faut manger de tout, les légumes c'est bon pour la santé, ma chérie. Elle sort sur le balcon et dépose la limace dans un bac à fleurs vide, sur la feuille que le gastéropode avait commencé à becqueter. Tu veux qu'on lui donne un nom, Eugénie ? Non, pas Connasse la Limace, tu es un peu petite pour dire des mots pareils. Salace la Limace non plus, ça me fait penser à un garçon qui a failli être ton père, Jonas la Limace, Jonas le Salace, le gros dégueulasse. Marguerite balance la saloperie visqueuse dans la rue et la vieille laitue toute flétrie dans la poubelle. Tout bien réfléchi, elle va faire cuire des pâtes. Eugénie est ravie.

Marguerite rouvre la poubelle, prend une photo de la laitue fanée et la poste sur Facebook avec pour légende : « On me raconte tellement de salades que je n'ai pas besoin d'en manger. » L'eau bout. Elle vide la fin du paquet de farfalles dans la casserole. Une petite pâte reste accrochée au fond, prise dans les plis plastiques. Eh, mignonne, il faut rejoindre tes copines ! Marguerite secoue le paquet mais la farfalle résiste. Quoi, tu ne sais pas nager ? Tu as peur de l'eau ? C'est un chouette destin qui t'attend : me nourrir. Je te jure que tu seras bien traitée. Avec du parmesan et de la sauce aux câpres. Alors, hein, tu en dis quoi ? C'est pas le paradis de la farfalle, ça ? La forte tête ne veut rien entendre, à croire qu'elle est collée au paquet. Allez, plonge ! Mais plonge, je te dis, imbécile ! Ah enfin ! On fait moins la maligne, maintenant, hein ? Tu vois, rebelle ou pas, tout le monde finit au même endroit. Elle aurait dû lui parler de sa dispute avec Jonas avant de l'ébouillanter, ou bien en causer à Salace-la-Limace. Elle ne va tout de même pas s'épancher à l'oreille d'Eugénie, sa fille est trop petite, et il ne faut pas lui donner une mauvaise image de son papa. À qui, alors? Ses copines? T'es marrante, toi! Elle sait déjà comment chacune réagira: Fanny bisquera, Caro embrayera sur une de ses propres disputes avec un ex, Sidonie rationnalisera. Sa mère stridulera: «Enfin, vous êtes séparés!» et parlera d'elle. Jacek? Elle ne le connaît pas assez; et puis ce n'est pas le genre épaule-pour-pleurnicher. Elle mange ses pâtes trop cuites en grondant Eugénie qui met de la sauce partout.

Ma pauvre Marguerite, t'es dingo...

Elle va quand même coucher sa fille, lui raconte une histoire et se cale devant une émission télévisée qui propose à des moches de devenir beaux —l'époque veut ça. Quand ils regardaient ensemble, Jonas matait-il les culottes et les soutiens-gorge? Elle y a peut-être été trop fort avec lui. En fait, il est malade, c'est tout. Et c'est un peu de sa faute à elle, qui n'est pas une force de proposition très érotique. Elle devrait peut-être travailler au réchauffement de leur libido de couple. De toute façon, si elle veut qu'Eugénie voie le jour, il va bien falloir s'y remettre. Où est-il? Il n'a pas d'amis. Sa famille habite dans le Sud-Ouest. Traîne-t-il dans les bars? Dans ces bars où sévissent des entraîneuses? Il est parti voir ailleurs, seul et malade, tout ça parce qu'elle a surréagi. Quelle idiote! Au lieu de l'écouter, de chercher à le comprendre, pour pouvoir mieux le soigner. Elle lui doit des excuses. Elle va le rappeler et lui demander de revenir. La dernière fois, il est réapparu au bout de trois jours. Typique des pervers narcissiques, selon Billie (qui dévore ce genre de dossiers spéciaux dans les magazines). Pervers narcissique? Et pourquoi pas obsédé sexuel?... *Hum...* Oui, bon, si sa mère était psy, ça se saurait. Marguerite appelle Jacek.

—Tu as découvert quoi quand tu t'es renseigné sur Jonas?

—Tu veux vraiment savoir?

Ce qui signifie qu'il y a quelque chose à savoir… Sûrement ses engagements politiques de jeunesse. Il était un militant actif, allait faire le coup de poing aux conférences du G8, ou G20 — non, c'est le supermarché, ça —, s'enchaînait à des barbelés pour Greenpeace, était avec les altermondialistes à Notre-Dame-des-Landes. Elle a du mal à imaginer Jonas à la tête d'un commando s'introduisant dans une centrale nucléaire pour en dénoncer les failles de sécurité, mais elle le croit sur parole — pourquoi lui mentirait-il ? (« Parce qu'il est bipolaire, chérie ! ») D'ailleurs le fait qu'il ait arrêté ces bêtises est la preuve qu'il est prêt à faire un enfant.

— Non, je ne veux pas savoir, en fait. Et puis je trouve ça bien qu'il ait été un militant politique.

Un militant politique ? Jacek hésite. Après tout, il n'est pas le père de Marguerite, si elle préfère s'aveugler sur son mec, cela ne le regarde pas. De toute façon, il n'a pas trouvé grand-chose : deux plaintes pour harcèlement sexuel, mais les faits étaient si flous (à chaque fois des filles inscrites sur des sites de rencontres) qu'il n'avait pas été convoqué, et une rixe dans une salle de gym.

Dans cette dernière affaire, des collègues de Jacek avaient dû calmer Jonas, qui insultait tout le monde, furieux que le gérant de *Body Élite* ait annulé son abonnement.

— C'est une salle de sport, M. Ashour.

Ce n'était pas Jennyfer-avec-un-y qui l'avait convoqué dans le bureau (elle était là toutefois, bras croisés sur sa poitrine, air réprobateur) mais le gérant, petite tête posée sur un corps trop gonflé pour être vrai.

— On ne se tutoie plus ? Ce n'est plus la grande famille *Body Élite ?*

— Si. Pour les clients qui viennent courir, faire des exercices, de la musculation. Ce qui ne semble pas être votre cas.

— Ah non ? Pourquoi je suis là, alors, d'après vous ?

— Ne jouez pas au plus malin avec moi : des clientes se sont plaintes.

— Je n'ai rien fait.

— Oh non, bien sûr. À part les mater au point de les mettre mal à l'aise.

— Je conteste leur version des faits.

— Nous avons des caméras, M. Ashour. Qui ne vous ont pas vu travailler beaucoup.

— Il y a un minimum d'exercices à faire par séance ? C'est dans le contrat ?

— Vous n'êtes pas le premier voyeur à essayer d'assouvir votre vice chez nous.

— Comme si je ne le savais pas ! Tout le monde mate tout le monde, ici ! Les gens ne viennent que pour ça : s'exhiber et mater ! Pourquoi croyez-vous que les filles portent des shorts minuscules, des tenues en Spandex®, latex, élasthanne, microfibre ou Dieu sait quel truc ultra-moulant ? Vous voudriez me virer de votre club de mateurs et d'exhibs au prétexte que je serais l'un d'entre eux ? Ah, j'ai compris : il ne faut pas que ça se voie trop. Il faut jouer le jeu.

Dès le début de sa tirade, Jonas était sorti du bureau, contraignant le gérant à la suivre dans la salle. Tous les clients avaient arrêté de pédaler, mouliner, ramer, pomper pour l'écouter.

— Et vous, reprenait-il en désignant le gérant du doigt, pourquoi avez-vous ouvert cette salle ? Par amour des tapis de course et des espaliers ? Mon œil ! Dites-moi, combien vous en avez tringlé, de vos clientes ?

Quelques regards féminins s'étaient posés sur le bout de leurs baskets, et Jonas aurait juré que Jennyfer esquissait un sourire sardonique. Trois policiers étaient entrés et avaient pacifié la situation. Jonas avait réussi à repartir avec un chèque de remboursement. *Body Élite* n'avait pas déposé de plainte. Quelques jours plus tard, Marge avait découvert ses affaires de sport dans l'appartement.

—Tu t'es inscrit dans une salle, Lapin ?

—J'y ai pensé mais y'a que des cons dans ces clubs de gonflette.

Et surtout des jaloux —il a compris la vraie raison de son éviction. Des petites nouilles, des zgegs ratatinés, des monticules minuscules sous le short, des complexés de la bitounette qui compensent en se sculptant.

—On y va ensemble si tu veux. On se motive l'un l'autre. Ça ne me fera pas de mal...

Jonas n'avait pas répondu.

—Tu as parlé à DDM ? reprend Jacek.

—Je lui parle tous les jours.

—Ne fais pas l'idiote, Marguerite. Je dois le rencontrer.

—Le deal est clair : dis-moi d'abord pourquoi.

—T'es aussi têtue que ta mère. C'est votre seul point commun, d'ailleurs.

—Je te présente à Aymeric si tu arrêtes de coucher avec ma mère.

Jacek éclate de rire.

—Qu'est-ce qui te prend ? Tu entames une carrière de maître-chanteur ?

—Oui, voilà, c'est le nouveau deal : je ne veux pas savoir pourquoi tu veux le rencontrer, je veux que tu quittes Billie.

—Comment sauras-tu si c'est arrivé ?

—Elle me dira qu'elle t'a plaqué.

—Je travaille sur une enquête parallèle, initiée par un copain à moi qui s'est fait éliminer à cause de ce dossier. Un type que j'appelle Monsieur Propre bute des politiciens ripoux. Je pense que ton Aymeric est le prochain sur la liste.

Marguerite n'en croit pas ses oreilles : une vraie enquête

policière, dans sa vie ! La voilà personnage de roman, secondaire, certes, mais qui sait si elle ne parviendra pas à résoudre l'intrigue, à sauver le héros qui s'apprêtait à se faire tuer, à rencontrer l'amour ?

Elle rajuste sa frange.

Aymeric lui raconte volontiers les affaires, les magouilles, les pots-de-vin, les arrangements. Il paraît allégé après chaque nouvelle révélation. C'est encore plus effrayant que dans les pires spéculations de Jonas.

— Personne n'a rien découvert ? Jamais ?

— Pour découvrir, il faut chercher.

— Et les journalistes ?

Il expectore un rire dédaigneux.

— Depuis quand sont-ils au service de la vérité ? Et regardez aujourd'hui à qui appartiennent les médias.

— Ils ont pourtant trouvé l'affaire des diamants.

— Ils n'ont rien trouvé, quelqu'un leur a tout balancé.

— Courcel ?

— Courcel, bien sûr.

L'Ex ne reste jamais très longtemps sur ce terrain fangeux, comme un enfant se lasse soudain de son jouet. Il bifurque volontiers vers les grivoiseries. Il dépeint d'une voix douce, égale. Son dos se décourbe, son regard crépite, ses gestes sont plus alertes.

— L'Afrique nous gâtait particulièrement. Un voyage officiel au Gabon ou en Centrafrique, tout le monde voulait en être. Vous allez encore monter sur vos grands chevaux, chère Marguerite, et m'accuser d'user de clichés mais nom d'un chien, les Négresses ! C'était comme si elles n'avaient pas été perverties par la bien-pensance, la morale. Leur sexualité était joyeuse, naturelle.

— Arrêtez avec votre « naturel » !

— Je vous l'avais dit que vous regimberiez ! Que voulez-vous, c'était ainsi. Les filles étaient à notre service. Deux ou trois au moins par tête de pipe. C'était simple. Qui n'a pas tenu dans ses paumes un fessier de Négresse n'a pas vécu. Qui n'a pas lapé le cœur rose de leur rêche toison n'a pas vécu. Je leur dois mes plus belles levrettes.

Il a posé la main entre ses jambes et la bouge doucement. Son regard s'est inversé et doit être posé sur quelque croupe charbonneuse. Marguerite essaie d'imaginer un corps noir et nu. L'image d'une chanteuse à la mode lui vient. Elle ferme les yeux pour la chasser. Une Black s'assied sur le visage d'Aymeric. « Tu vas lécher mon berlingot, blanc-bec ! » Elle se frotte contre sa bouche, mouvement de bascule des hanches d'avant en arrière. Il la fige d'un doigt dans l'œil de Gabès. Elle pousse un petit cri ravi et étonné, puis éclate de rire. Marguerite a chaud. La sueur perle sur l'ébène. Roides sont les aréoles carmin de la lourde poitrine. La Noire se passe la langue sur les lèvres. C'est beau, ces contrastes de rouge foncé et de rose. Entre ses paupières mi-closes, Marguerite voit la main d'Aymeric qui a accéléré son mouvement.

— J'avais le doigt dans le fondement de la fille, ses lèvres moites et gonflées appuyées contre ma bouche. J'étais dur à en avoir mal, d'autant que, cambrée vers l'arrière, la drôlesse m'avait empoigné le mât. Au début, on a toujours un peu honte de nos petits spaghettis de Blancs, mais je vous assure que la gêne ne dure guère avec une diablesse qui se lutine sur votre bouche.

Oui, Marguerite la touchait presque, con liquoreux à portée de main, de sa main qui descend jusqu'au sien, de con, tandis que la Négresse s'est retournée et engloutit le vit d'Aymeric, qui lui lèche l'antre obscur, frénétique. Une deuxième hétaïre entre dans la chambre. Plus grande, plus sèche, déliée, poitrine haute et menue. Elle se positionne entre les jambes d'Aymeric, allongée sur le ventre, et lui taquine les pendeloques, doigts et langue. Marguerite écarte les jambes. Son collant la gêne. Elle le déchire d'un geste sec, repousse sa culotte sur le côté et enfonce deux doigts dans sa chatte — tiens, elle pense « chatte » à présent. Le regard d'Aymeric est revenu ici, braqué sur elle, ce qui la fait juter de plus belle. Il a sorti son membre, étonnamment long et fin, son sucre d'orge dans la bouche de la Négresse, qui le lèche un moment, puis se redresse, s'accroupit au-dessus et se l'enfile, jusqu'aux bourses englouti. Point de vue de l'amant : le ferme fessier gigotant et sa valve rose, diaphragme à ouverture variable qui lui offre des images nettes et floues, à profondeur de champ étale cependant. L'autre gourgandine branle sa collègue et joue aux boules de la main droite, se caresse en même temps de la gauche. Soudain, Aymeric pousse un petit cri, quelques gouttes jaillissent de son gland violacé. Marguerite lâche un long râle, prise de spasmes, la tête entre les jambes de la Black athlétique, qui n'a pas bouffé du cresson crépu n'a pas vécu.

— Je crois qu'un petit brandy ne nous fera pas de mal.

Aymeric se dirige vers le meuble en laque noir et or qui abrite ses bouteilles, « une petite folie des années 40 que j'ai trouvée chez un brocanteur », lui a-t-il dit un jour, avant d'ajouter qu'il était en sycomore et signé Jean Pascaud, un des grands décorateurs du milieu du siècle dernier.

— Je vous ai déjà dit que Mitterrand a voulu m'acheter ce bar ? J'ai refusé, bien sûr.

Marguerite remet de l'ordre dans sa tenue. Elle n'est pas gênée. S'en étonne à peine. Accepte le verre que lui tend Aymeric.

— Nous aurions pu être amis, Mitterrand et moi, si nous n'avions pas été rivaux.

— Il était si brillant qu'on le dit ?

— Bien plus encore. Un homme remarquable. D'une intelligence... Savez-vous que ce roué m'a proposé d'entrer au gouvernement quand il a remanié ? Un tacticien hors-pair !

— Vous avez été son Premier ministre.

— Oui. La première cohabitation. Le nombre de bâtons qu'il m'a mis dans les roues ! Il ne voulait absolument pas que Zenatti entre au gouvernement. Une vieille haine tenace. Si vous le nommez, m'a-t-il dit, je ferai en sorte que tout le pays sache à quoi il passe ses soirées.

— À savoir ?

— Zenatti organisait régulièrement des parties fines au château de Versailles. Il était maire de la ville. Il payait des filles pour le bon plaisir de ses amis et obligés. Il se murmure que quelques-unes n'en seraient jamais revenues.

— Comment ça ?

— Oh, certains grands décideurs sont très très vicieux... Ne faites pas l'effarouchée, voyons !

— Mais Aymeric, vous êtes quand même en train de me dire que l'actuel président du Conseil constitutionnel fournissait des call-girls à des malades qui les... tuaient, ai-je bien saisi ?

— Ça en excitait certains, oui. Disons qu'une fois les filles trop amochées, il fallait prendre une décision. Mais c'est

— Non, je ne vous crois pas. Je ne peux pas le croire.

— Quelques-uns doivent leur carrière au fait qu'ils

possèdent certaines vidéos, figurez-vous. D'autres nous ont quittés prématurément pour la même raison.

— Bon, très bien, Aymeric, je mets ça dans le livre, le défie-t-elle. Vous me donnerez les noms ?

— Qu'est-ce que j'ai à perdre ?

— Si j'en crois ce que vous me dites, ce qui n'est pas le cas, la vie.

— Je suis déjà mort. Mais dites-moi, qu'avez-vous dit à propos du Conseil constitutionnel ?

— Je... quand ?

— Son président.

— C'est Philippe Zenatti.

Silence.

— Il n'est pas mort, Zenatti ?

Marguerite tente le coup :

— Tué par Nino ?

— Vous connaissez Nino ? Non, bien sûr. Sinon vous sauriez qu'il ne tue personne.

— Nina ?

— Nina est morte.

— Parlez-moi d'elle.

— Je ne l'ai pas connue. Enfin si, je connaissais son nom bien sûr. Et son visage. C'était une vedette, à l'époque ! Elle était... Ah, comment disait-on, déjà ? Vous savez, les zozos avec les cheveux hérissés sur la tête et les épingles de nourrice.

— Punk ? Nina était punk ?

— Nina a été surnommée Nina parce qu'elle était punk. Comme une Allemande qui braillait.

— Nina Hagen ?

— Peut-être. La femme derrière Nina, on a effacé son nom parce qu'elle a basculé du mauvais côté. Elle écrivait mais on a effacé son nom : ironique, non ? *Pffft*... Il n'en reste plus rien.

— Pourquoi ?

— Le scandale, mon enfant, le scandale. Et beau-papa avait le bras long. Je me demande si Berthier n'a pas couché avec elle. Il était gaga de cette fille. Patrick Dewaere, plutôt. Vous n'avez pas connu Patrick Dewaere ? Ah, quel acteur ! Grand acteur ! Le plus grand.

— Tout va bien, monsieur, vous n'êtes pas fatigué ?

— Dites donc, Hans, vous ne frappez plus avant d'entrer ?

— J'ai frappé, monsieur. Mademoiselle Santa Lucia, un rafraîchissement ?

— Hans, laissez-nous, merci, s'horripile Aymeric. Je vous sonnerai si j'ai besoin de vous.

Le majordome sort, empesé par la brimade.

— Patrick Dewaere était le mari de Nina ?

— Nina ? Qui est Nina ? Je ne dois pas parler de Nina.

Il leur ressert du brandy. Marguerite devine qu'elle n'en tirera plus rien. Elle range son collant en charpie dans son sac. Qu'est-ce qui lui a pris de se donner ainsi en spectacle ? Oui, d'accord, c'était… Oh pétard ce que c'était bon ! De toute façon, Aymeric aura oublié demain, non ? Il mélange tout. Comme si les grands de ce monde assassinaient des prostituées dans le château de Versailles en tournant des *snuff movies*… Peut-être lui raconte-t-il l'intrigue de son prochain roman. Il lui a laissé comprendre que ce serait un polar dans les allées du pouvoir. « Un roman un peu chaud », a-t-il ajouté.

Il mélange tout.

— Vous savez pourquoi Delaubry ne s'est pas présenté à la présidentielle ? Des plaintes pour viol seraient aussitôt tombées. Et la démission de Courtois, la grande et belle démission de Courtois, au nom des valeurs républicaines ? Il allait aux filles au moins dix fois par mois. Et peu étaient majeures, laissez-moi vous le dire. Et pourtant, il était blanc comme neige. Ah ah ah ! Blanc comme neige.

Il a rigolé en reniflant plusieurs fois, l'index posé contre sa narine.

— Et Jacques ! Oh là là, le beau Jacques et sa cote de popularité extravagante ! Le héros des classes populaires, l'entrepreneur au grand cœur, le député préféré des Français. Jamais ministre, Jacques. Vous comprenez, il aurait fallu renoncer aux petits voyages au Brésil et au Maroc, ces charmants pays où les jeunes adolescents ne sont pas très farouches… Tout le monde se tient par les couilles. Mais on va y arriver. Les écuries d'Augias ? On va y arriver !

Marguerite est partie après le cinquième brandy. Hans est resté impassible en lui ouvrant la porte. L'a-t-il vue se… ? Seigneur ! Aujourd'hui, elle a joui. Pour la première fois. Cocasse, non ? Peut-être le genre d'histoire qu'elle pourra raconter à Eugénie, dans très très longtemps, que son enfant sache qui a été sa mère.

Jonas n'est pas là quand elle rentre. Il a trouvé voilà peu un graphiste avec lequel travailler au développement de son jeu vidéo ; si ça se trouve, il squatte chez lui. Elle croit qu'il lui a laissé un mot en avisant par terre un Post-It avec son écriture. Il lui souhaite une bonne soirée avec deux r. C'est un vieux message, elle s'en souvient, elle avait déjà été choquée et lui avait fait la remarque. « Je suis autodidacte, moi ! »

Billie l'appelle pour qu'elle vienne s'occuper de ses saletés de chats le week-end prochain. Elle dit : « On verra. » Sa mère est aussi interloquée qu'elle. Marguerite a toujours répondu : « À quelle heure tu veux que je sois là ? » Il n'y a pas qu'Aymeric qui débloque, on dirait. Elle finit par accepter.

Elle téléphone à Jacek pour lui faire part des infos glanées aujourd'hui, qu'elle laisse n'importe comment sur sa messagerie — elle a trop bu. Nina, punk, Dewaere, écrivain, démerde-toi avec ça, poulet !

Un verre de vin à la main, Marguerite entre dans le bureau de Jonas. C'est la journée des transgressions, on dirait. Tout est rangé impeccablement. Cache-t-il des secrets, ici ? Sous son nez ? Chez elle ? Si c'est le cas, c'est dans ses ordinateurs. Elle meurt d'envie de les allumer. Ce serait inutile, Jonas a tout bardé de mots de passe et de programmes de sécurité, elle le sait. Officiellement pour que personne ne lui vole ses projets. Elle essaie d'ouvrir un tiroir. Fermé à clé. Au moment où elle quitte le bureau, son regard est attiré par un petit lumignon bleu sous le canapé. Un ordinateur portable. Elle l'ouvre. Allumé. Pas beaucoup de dossiers sous l'icône DOCUMENTS. Elle clique sur le premier et l'ouvre.

— J'ai trouvé des photos de… des photos de jeunes filles !

— D'enfants ?

— Non, non, mais… des adolescentes.

— Seulement des photos d'adolescentes ou elles sont mélangées avec des photos d'adultes ?

— Oui, mélangées. Mais que des filles jeunes.

— Alors c'est normal.

— Comment ça, « normal » ? C'est normal que mon mec, le père de mes enfants

— Vous avez des enfants ? la coupe Aymeric.

— Oui. Euh, non. De mes futurs enfants, si vous voulez être précis. Ce serait normal, donc, que le futur père de mes enfants se… enfin se… sur des photos d'adolescentes ?

— Qu'il se quoi ?

— Oh, vous avez très bien compris !

— Vous ne parvenez pas à l'énoncer ?

— Quoi ?

— Ce que fait votre fiancé pour se donner du plaisir avec sa main.

— Vous voyez que vous avez compris ! Vous aussi, ça vous stimule, les jeunes filles en fleur ?

— Il ne s'agit pas de moi, si ? Vous devriez en parler avec lui.

— Impossible !

— Pourquoi ?

— Je ne sais pas, mais c'est impossible.

— Le père de vos enfants, hein ?... lâche Aymeric, goguenard. Vous savez que certains garçons font ça avec des gants de vaisselle.

— Des... mais pourquoi ? demande-t-elle, mi-horrifiée mi-incrédule.

— Il paraît que c'est excitant.

— Vous avez essayé ? l'interroge-t-elle, avant de se rendre compte de son impertinence.

Demande-t-on à un ancien président de la République, membre du Conseil constitutionnel, caporal ou brigadier de la Légion d'honneur, avec sûrement des palmes académiques, des croix de guerre, des froufrous des Arts et Lettres, membre de l'Académie française, si...

— Non mais académicien, on rêve ! Franchement, c'est de l'abus, Aymeric. De l'ego.

Il aurait pu s'offusquer, il rit et acquiesce.

— Vous avez raison. Les honneurs sont les hochets des vieillards vaniteux.

Pendant un temps, elle oublie les horribles photos : Aymeric la distrait, truculent d'anecdotes. Il lui pose des questions sur son enfance, l'écoute dire les quelques souvenirs qu'elle a de son père, qui s'est pendu quand elle n'avait pas encore dix ans. D'après ce qu'elle a pu reconstituer de son parcours, il possédait des studios d'enregistrement et une usine de pressage de disques vinyles. Il a refusé la mutation vers l'analogique et a fait faillite avec s es idées — « son entêtement stupide, selon Billie. Je lui répétais sans cesse d'évoluer, de s'adapter à son époque, mais il soutenait mordicus qu'on ne pouvait pas graver de musique sur un CD. Du bruit, oui, des sons, mais pas de la musique. » Billie l'a-t-elle quitté quand il n'a plus été en capacité de lui assurer le train de vie fastueux auquel elle était habituée ? A-t-il mis fin à ses jours à cause de cette rupture ? De ses problèmes financiers ?

Aymeric est attentif. Semble s'intéresser à elle. Dans sa salle de projection mentale reviennent les images de ces filles inconnues qui sourient à l'objectif jambes grandes ouvertes. Comment peut-on s'exposer ainsi ? Toutes ne font pas cela par avidité ou nécessité vitale, si ? Alors quoi ? Quel mécanisme obscur se déclenche pour qu'elles s'humilient ? Il pourrait être question de plus court chemin vers la gloire, de besoin d'amour, voire de volonté de domination — je te tiens en mon pouvoir puisque je suscite ton désir sans l'assouvir. C'est pourtant le mâle qui sort gagnant du jeu. C'est lui qui, même dans les romances (surtout dans les romances ?), prend la femme. Elles peuvent avoir les meilleures raisons du monde pour se dépoiler devant une caméra ou un photographe, pin-up ou pornstar, dans du *trash* ou de l'*erotic soft,* seules ou prises par une meute, l'homme les souillera de son désir brutal et mesquin.

Pas lui. Pas Jonas, pitié… C'est peut-être pour son boulot. De la documentation pour son jeu vidéo, mais oui, voilà ! Il faudrait qu'elle lui en parle, c'est vrai, Aymeric a raison, mais comment aborder le sujet ? Il va s'emporter. Se murer dans le silence. L'engueuler pour avoir ouvert son ordinateur. Il ne supporte pas ça. Il pourrait la frapper pour une telle transgression de leurs règles tacites. Elle ne peut pas dire qu'il la frappe très souvent. Elle n'a pas à se plaindre. Elle l'a beaucoup aidé à s'améliorer de ce côté. De toute façon, le sexe ne l'intéresse pas, pourquoi aurait-il des photos de jeunes filles dans un dossier de son ordinateur? Il faudrait qu'elle lui en parle, c'est vrai, Aymeric a raison.

Toutefois elle ne sait pas faire. Elle fuit les conflits. Ne sait pas dire non. Arrondit les angles. Une fois, elle a mis les pieds dans le plat. Lors d'une fête d'anniversaire de sa mère. Elle avait trop bu. Une jolie choriste venue au bras d'un ami producteur de Billie soutenait que tous les chanteurs en tournée ramenaient chaque soir au moins une groupie dans leur chambre.

—Pas tous quand même! s'était offusquée Marguerite.

—Excusez ma fille, était intervenue Billie, elle est très naïve sur le sujet et voit encore les mâles comme des anges à peine sexués. À se demander si elle a déjà vu le loup...

—Tu sais très bien que je l'ai vu puisque tu t'es tapé mon mec!

La pique avait fusé, glaçant aussitôt l'ambiance. Que Billie avait promptement réchauffée —pas question que sa nunuche de fille lui gâche son anniversaire:

—Tu as raison, je n'aurais pas dû, c'était vraiment un mauvais coup.

Hop! les rieurs de son côté, comme d'hab. Marguerite s'était isolée, radioactive de honte et de rage contenue, humiliée. La choriste s'était approchée avec un verre et lui avait parlé, doucement, lentement, de ses propres expériences, abusée par son beau-père, le silence de peur que maman ne la croie pas, maman qui semblait si amoureuse de ce pervers, et je ne suis pas un cas isolé, loin de là, trop loin de là hélas, les hommes ne sont pas très fiables tu sais Marguerite, est-ce que tu as essayé d'en parler posément à ta mère, de cette histoire?

—Mais enfin, maman, ça ne veut rien dire pour toi de se taper le petit ami de ta fille?

—Ce n'était pas vraiment ton petit ami, chérie.

—Il a été le premier. J'étais amoureuse de lui!

— Et lui n'était pas amoureux de toi, voilà, c'est tout.

— Tu penses que c'est normal, tout va bien. Vraiment, tu ne te dis pas qu'il y a quelque chose derrière tout ça ?

— Quoi ?

— Je ne sais pas, moi ! De la jalousie, la peur de vieillir, de mourir, une volonté d'écraser ta fille, que tu verrais comme une rivale. Réfléchis, zut !

— Mais je n'ai pas envie de réfléchir. On n'est pas obligé de réfléchir. Ni de tout compliquer ou psychologiser. Arthur et moi

— Bastien

— Oui, Bastien, peut-être... Bref, on a eu envie l'un de l'autre et on est passés à l'acte. Ça donne des ulcères de se contenir tout le temps, tu sais.

— Je me demande vraiment parfois si tu crois à tout ce que tu racontes ou si c'est un mécanisme inconscient de protection. « On a eu envie l'un de l'autre », la bonne blague ! Il avait 24 ans et tu le chauffais sans arrêt. Comme il était faible, il a craqué.

— Faut croire que toi, tu ne le chauffais pas assez, chérie, c'est tout. Ne mets pas de rivalité là où il n'y en a pas. Et j'ai bien l'impression que la jalouse, c'est toi, chaton. En tout cas, tu n'as pas l'air très bien dans ta peau. Vous baisez, avec Jonas ?

— Maman ! Combien de fois dois-je te dire que ça ne te regarde pas ?

— Avec le truc qu'il a entre les jambes, ce serait sacrément dommage.

— Que... quoi ? Comment tu... Tu l'as déjà vu ?...

— Ça se devine tout de suite, ma chérie. Et il aime que ça se devine d'ailleurs.

— Jonas ? Le sexe, il s'en moque !

Billie partit d'un long éclat de rire avant d'écraser sa cigarette dans un pot de fleurs.

— Mon chaton, tu es si naïve, c'est confondant !

Est-elle trop naïve ou entourée de gens qui ne le sont pas assez, qui ne le sont plus ? Les confidences d'Aymeric, les découvertes sur Jonas, les propos de sa mère qui lui reviennent en boomerang : elle s'aperçoit que son monde n'est que double-fonds, escaliers dérobés, façades en trompe-l'œil. La légitimité, c'était son père, et il est mort ; cela aurait dû être sa mère, elle l'écrase ; c'était ses professeurs, et l'un d'eux a essayé de l'embrasser, en terminale. Elle a été modelée par l'absence du père, par l'omniprésence étouffante de la mère ; par son genre, femelle, qui la pousse à vouloir enfanter avec un mâle fidèle. Elle n'est construite que de morceaux d'autres qu'elle-même. Elle est un alliage, pas bien résistant. Elle est prévisible. Cela l'attriste. Tout ce qu'elle a cru solide se fissure. Elle est seule, désormais.

Seule devant sa psyché, avec son cul trop plat.

Des phrases. Seulement des phrases. Peut-on en faire surgir l'émotion ? Que pèsent-elles face aux images du journal télévisé ? Un homme seul debout au milieu des ruines fumantes d'une ville bombardée de frais. Tout ce qu'il a construit est détruit, tout ce qu'il a cru solide n'est plus que gravats fumants. Il est seul, désormais. La compassion naît aussitôt face à cet homme dévasté qui pleure, le visage déformé. C'est injuste, atroce, comment pouvons-nous laisser faire des choses pareilles ? Des phrases. Des mots : atroce, injuste, seule. Vous ressentez quelque chose ? Atroce, visage dévasté, la fumée, les flammes, des ruines. Les émotions montent ? Vous voyez la scène ? Vous êtes en empathie ? Vous vous êtes projetés ? Devant sa psyché, contemplant son cul trop plat, Marguerite se sent seule. « C'est rien, ça va passer », s'agaçait Billie quand sa fille avait du chagrin. Jamais un câlin. Tandis que la chaîne d'informations en continu est passée à une tornade asiatique, Marguerite se tient toujours debout au milieu des ruines de ses rêves de maternité, au milieu de son idéal de foyer détruit par les obus d'adolescentes souriantes. Ce n'est pas rien.

«Tu devrais lui en parler.» En parler, en parler, ils n'ont tous que ce conseil à la bouche. En parler à qui ? Qui écoute ? Écoute *vraiment ?* Pas ses copines. Pas sa mère. Pas son mec. Quelle déprime... Son père l'écoutait. Pour autant qu'elle se souvienne. Veut-elle se souvenir ? Aymeric l'écoute. Oui, le seul qui l'écoute, c'est un vieux gâteux libidineux et pourtant classe. En parler, comme si c'était facile !

—Je n'ai pas dit que c'était facile, mais bon, quelques photos de cul, ce n'est pas non plus comme s'il t'avait trompée.

—C'est pire. C'est dégueulasse, humiliant.

—Vraiment, tu fais une montagne de pas grand-chose. C'est un mec.

—Tous les mecs ne se... *hun hun* pas devant des photos de gamines.

—Bah, tant qu'il y a des poils...

—T'es pas drôle, Jacek !

—Vous couchez encore ensemble avec ton Jonas ?

Ah, le conseil numéro deux : revivifiez votre sexualité !

—On s'en fout ! Je fais quoi, moi, s'il me demande en mariage, ce pédophile ?

Jacek n'a pas trouvé que le prétexte était suffisant pour arrêter le mec de Marguerite, ni faire fouiller ses disques durs par des spécialistes. Pauvre petite gosse de riche frivole et superficielle. Par contre, les informations qu'elle lui a communiquées la veille sur son répondeur ont aussitôt fait tilt. L'«écrivain punk», tous les gens de sa génération, a fortiori dans la police, savent de qui il s'agit. Et lui le sait d'autant plus qu'elle a fréquenté Bruno Sulak. À l'époque, jeune flic, il participait à la traque du flamboyant monteen-l'air. Nina, bien sûr, pourquoi n'a-t-il pas percuté la première fois que Marguerite a prononcé ce prénom? C'était devenu le nom de code de la jeune femme après sa mort, quand son beau-père avait fait interdire d'accoler le nom de sa famille à une terroriste. Celui-ci, proche du pouvoir en place, estimait que la tragique trajectoire de sa belle-fille freinerait sa carrière politique. Il avait réussi à obtenir par référé —décision confirmée sur le fond par la suite— de faire retirer de la vente tous les romans de Nina. En cherchant sur Internet, Jacek s'est rendu compte que l'effacement est allé beaucoup plus loin: nulle part n'est fait mention de la jeune femme disparue début 1986 (il s'en souvient parfaitement: il s'était alors fait la réflexion que c'était presque pile un an après Bruno Sulak), pas plus que de son groupuscule au nom si peu oubliable, Commando Contre la Laideur. Rien sur Wikipédia, rien sur les sites de vente de livres d'occasion, rien sur les sites conspirationnistes ou libertaires. Jacek s'est alors souvenu qu'elle avait eu un prix littéraire prestigieux quelques mois avant sa mort spectaculaire. Donc à l'automne 1985.

Il ne connaît que le Goncourt alors il cherche. Il ne pensait pas qu'existaient autant de récompenses pour les bouquins. Ça intéresse qui? Prix de la Closerie des Lilas, de Flore, du livre Inter; prix FNAC, Orange, Wepler, Interallié, Fémina. Ils en ont créé un pour chaque roman ou quoi? Pour ne pas faire de jaloux? Prix du Style, de la Page 111, de l'Inaperçu, Médicis, Renaudot. Tiens, celui-ci lui dit quelque chose. Le palmarès 1985 annonce Raphaëlle Billetdoux pour *Mes nuits sont plus belles que vos jours.* Et le nom et le titre sonnent comme un canular. Une écrivaine inventée pour remplacer Nina? Internet donne certes des éléments de biographie, mais Jacek sait combien il est facile d'inventer des profils puis de leur donner chair. Quoi qu'il en soit, Nina n'existe plus, et c'est comme s'il elle n'avait jamais existé. Il ne peut pas entamer de recherches dans des dossiers classés ou sensibles, qui laisseraient trop de traces et le mettraient en danger. Pourquoi DDM lie-t-il Nina à son soi-disant assassinat à venir ? Jacek griffonne sur son carnet les questions comme elles lui viennent, il fera le tri plus tard :

Nina vraiment morte ? A-t-elle existé ? Vraiment coupable ? Bouc-émissaire ?

Vengeance ? (De qui ? pourquoi ?)

CCL encore actif ? Copycat ?

Liens DDM / Nina à l'époque ? DGSE ?

Qui est Nino ? Son mari ? Vengeance ? Où est-il ? Que fait-il ?

Même si Internet n'existait pas encore, il semble incroyable qu'aucune trace de la romancière terroriste ne subsiste sur la Toile.

—Tu connais le Web profond ? lui demande Marguerite.

—Non. C'est quoi ?

—La partie du Web à laquelle les moteurs de recherche n'ont pas accès. Tout ce qui est théoriquement consultable, mais de fait impénétrable car non indexé et non référencé.

—Et toi, tu sais comment y accéder ?

—Mon pédophile de mec saurait peut-être, mais il n'est pas là et je doute d'avoir envie de le lui demander…

*

—Ce n'est pas un pédophile, Marguerite, faites attention aux mots, la reprend Aymeric. L'attirance pour les jeunes filles —je ne parle pas d'enfants, mettons-nous bien d'accord, mais d'individus pubères— est souvent d'ordre esthétique chez un homme. Parce que cela ne peut et ne doit être qu'un fantasme, qui n'a pas vocation à se réaliser. Un interdit au parfum érotique puissant. La littérature regorge de cette fascination pour les filles en bouton. Être excité par la représentation, visuelle ou mentale, d'un corps d'adolescente, cela ne signifie pas vouloir passer à l'acte. Bien au contraire, même, dirais-je.

—Vous ne savez pas, vous n'êtes pas tous les mecs. Je ne comprends pas comment la photo d'une ado avec les seins tout juste sortis et quatre poils au pubis peut vous faire...

—Nous faire ?

—Oh, vous savez ce que je veux dire ! Durcir, quoi !

Marguerite ne parvient même pas à dire « bander », comment Jonas pourrait-il lui expliquer l'effet qu'ont sur lui les photos et vidéos de son dossier TEENS ? De toute façon, il ne trouverait pas les mots. Quand lui-même tente de comprendre, il en revient toujours à la réponse de son corps, de ses sens, à ses yeux qui sans relâche traquent au quotidien les détails révélateurs : un pantalon un peu trop collant, une échancrure de T-shirt un peu large, un *cameltoe,* l'absence de soutien-gorge. Tout le temps. Partout. Toute rencontre avec une femme est sexuellement connotée, que ce soit la boulangère, la concierge de l'immeuble, la vendeuse de la supérette, sa banquière, sa belle-mère. Son premier rapport à une femme est lubrique. Et c'est de pire en pire. Il n'a pas envie de les posséder, ce n'est pas un désir réclamant assouvissement, c'est un filtre entre elles et lui. Va expliquer ça à Marge !

—Ces photos dans ton ordi, c'est comme si tu m'avais trompée.

Elle a enfin trouvé le courage de lui téléphoner.

—C'est toi qui m'as trompé en fouillant dans mes affaires.

—J'ai bien fait. Sinon je n'aurais jamais su qui tu étais vraiment.

—En droit, une pièce à conviction trouvée illégalement n'a aucune valeur. Tu me dois des excuses.

—Alors que tu veux coucher avec d'autres filles ?! Que tu le fais peut-être déjà ! Tu ne manques pas de culot !

—Je ne vois pas le rapport entre ces images et l'infidélité. Mais tu as l'esprit trop étroit pour comprendre. Avec tes petites valeurs, tes petits codes moraux, c'est comme ci ou comme ça, bien ou mal, on range tout dans des cases. Le désir, c'est complexe, riche, insaisissable, irréductible à tes principes bourgeois. Mais tu n'en sais rien, tu ne désires rien ni personne. Les gens, tu t'en fous. D'ailleurs, c'est ça la bourgeoisie : des règles, des normes mais pas de cœur ni de couilles.

Le silence.

—T'as couché avec Billie ? demande enfin Marguerite.

De stupeur, Jonas manque d'en lâcher son téléphone.

—Ça va pas la tête ! C'est quoi cette histoire ?!

—Un pédophile est capable de tout.

—Arrête, Marge ! Je ne suis pas un pédophile. Et je ne vois pas ce que ta mère vient faire là-dedans. Tu ne lui as rien raconté, j'espère…

—Je sais qu'elle a déjà remarqué que tu avais… que tu avais un gros machin.

Aussi sec Jonas bande. Difficile de considérer Billie comme une simple belle-mère. Elle n'entrouvre pas la porte à ce genre de positionnement. Vous êtes soit une rivale si vous êtes une femme, soit une proie. Comment parler de la virulence foisonnante de son propre désir à une nigaude de 32 ans qui, pour évoquer la verge de son mec depuis six ans, chuchote (il la voit d'ici baisser les yeux) « gros machin » ? Comment lui dire qu'il aimerait initier des adolescentes, sans les toucher, encore moins les pénétrer (« Il faudra que tu découvres ça avec un garçon de ton âge », s'entend-il répondre à celles qui insisteraient) ? Il répondrait aux questions de ses élèves, démonstrations à l'appui parfois. Il serait un objet d'étude, un cobaye, un initiateur. Ils s'entre-regarderaient, rien de pervers. Ce serait juste doux et beau. Soyeux et excitant. *Mon enfant, ma sœur, songe à la douceur…*

—Aymeric, jeune fille en fleur ou pas, ce n'est pas esthétique de se… *hun hun.*

—De se… ?

—Arrêtez de vouloir me le faire dire, s'emporte Marguerite en agitant sa main de haut en bas d'un bref mouvement.

—Se masturber ?

Elle pousse un soupir exaspéré et lève les yeux au ciel.

—Oui !

—Tout un pan de votre éducation semble à refaire.

—Si vous connaissiez ma mère, vous comprendriez pourquoi.

—Oh mais je la connais !

—Vous… vous connaissez ma mère ? articule lentement Marguerite.

—Je… je crois, oui.

Elle voit le doute et la panique égarer les prunelles d'Aymeric. Cette terreur de se rendre compte qu'il ne maîtrise pas l'effilochage de ses synapses, et ne peut enrayer le processus.

—C'est impossible !

—Vous avez peut-être raison, mon petit. Pourtant, vous lui ressemblez diablement.

—À qui ?

—C'est sans importance. Une comédienne d'autrefois.

—Une comédienne ? sourit Marguerite, soulagée. Ma mère a plus d'un rôle dans son répertoire, joue la comédie en permanence, chaque seconde, mais ni sur les planches ni devant une caméra. Dommage, ça m'aurait fait des vacances. Comment s'appelait-elle, votre comédienne ?

—Jeanne Do. Comme la note. Oublions cela, voulez-vous ?

Il a fermé les yeux. Débranché. Il décline vraiment vite.

— Dans ce cas, il faut vous dépêcher de terminer, lui enjoint La Hyène. On devra être prêts à inonder les librairies dès qu'il mourra.

L'opportunisme cynique de l'éditrice ne l'étonne même pas. Marguerite essaie de l'imaginer nue. Au lit avec un homme. C'est difficile : elle ne lui a jamais donné corps. A-t-elle couché avec Aymeric ?

— Non. La Vignal est plutôt... Comment dit-on aujourd'hui déjà ? Je mélange toujours les lettres de ces acronymes comme MIFL ou CFNM. Martha est un de ces acronymes

— BDSM ? hasarde Marguerite, aidée par la brusque réminiscence d'une conversation avec ses copines.

— Oui, voilà ! Latex, menottes et tout le toutim. Une soumise, je crois.

L'image de La Hyène en combinaison de latex, ligotée à un chevalet, s'impose à Marguerite. Les gens ont une sexualité. Une intimité. Une vie privée. Les autres. Pas elle. Pourquoi ? Pourquoi n'a-t-elle aucune densité, aucune profondeur, aucun mystère ?

— Comment savez-vous cela, Aymeric ?

— Vous ne voulez pas l'apprendre, je vous assure. Surtout si vous avez encore foi en une démocratie respectueuse de la vie privée.

— Marguerite, vous m'écoutez ? glapit La Hyène. Où en êtes-vous de la rédaction ?

— Je... Ça avance, ça avance.

(Martha Vignal qui déjeune avec les grands auteurs, mène son monde à la baguette, tintinnabule de bijoux, à quatre pattes en train de se faire fouetter...)

— J'espère bien que ça ne recule pas, en effet ! Faites-moi lire quelque chose d'ici vendredi.

Vendredi ?!! Elle n'a rien à faire lire, ne sait pas par où

commencer, avait même complètement oublié qu'elle devait rendre un livre. Et même la chronologie, un élément d'habitude si fiable pour qui écrit, la laisse tomber.

Les sanglots sans prévenir parfois remontent des profondeurs et s'expulsent en violence —une baleine bleue. Marguerite a d'abord laissé sortir les mots, pêle-mêle, cahoteux, ceux qui disaient son mal-être, le manque du père, les doutes, sur elle-même et sur son couple, l'enfant désiré, fantasmé, rien n'est cohérent, phrases déchiquetées, l'homme devant sa maison bombardée, sa propre vie de mirages, les réfugiés entassés qui hurlent derrière des barbelés, son eczéma et ses peurs. Elle ne sait plus qui elle est, ce qu'elle veut, elle ne comprend rien au monde, ne sait comment s'y arrimer, comment font-ils les autres ? D'une phrase Aymeric a ouvert l'évent :

—Tu es une courageuse petite fille.

Elle tique, entre larmes et hoquets. Elle n'est pas une petite fille. Plus une petite fille. La trouve-t-il courageuse, vraiment ?

—Une courageuse et très belle petite fille.

—C'est… c'est vrai ?

Ce n'est pas sa voix, si ? La voix d'une petite fille qui se veut courageuse ; qui a besoin d'entendre qu'elle l'est. Une voix hésitante.

—Oui, c'est vrai, ma chérie. Mon adorable petite chérie.

Ainsi, il la trouve courageuse. Et belle. Et adorable.

—Viens t'asseoir sur mes genoux, mon petit.

Sur ses genoux, oui. Elle serait bien, sur ses genoux. Comme sur les genoux de… Non, bien sûr, ça n'a rien à voir. Mais c'est si réconfortant de nicher ainsi la tête dans son cou. De le laisser lui caresser les cheveux.

—Oui, ma chérie, fais un câlin à papa.

—Tu n'es pas mon

—Nous le savons tous les deux, mon petit cœur. Mon si joli et doux petit ange.

Non, ce n'est pas elle. Quoi? La honte, le trouble? De l'égarement peut-être. Du réconfort. De l'abandon. De l'oubli. Papa. Mon papa.

*

Qu'est-ce que ça peut faire, hein? Qui va la juger? Cinquante ans d'écart, et alors? Tout continuera comme avant, les gens dans le bus ne remarqueront rien, elle ne se sentira pas sale. Il s'est passé ce qu'elle décidera qu'il s'est passé, il s'est passé ce qu'elle racontera s'être passé, il ne s'est peut-être rien passé de ce qui s'est passé. Quelqu'un trouve quelque chose à redire? Hans?

Marguerite ne s'est jamais interdit la jouissance, elle ne portait pas en elle l'envie d'explorer ce territoire. Ce n'était pas une question de partenaire, tomber sur celui qui la débloquerait, la décoincerait, comme si un défaut affectait son bon fonctionnement, qu'un mécanicien plus habile que les autres saurait repérer et réparer.

D'accord, elle culpabilisera un peu. Vraiment rien. Rien à côté du plaisir de porter ce secret, cet interdit. Est-elle là, la jouissance? Non dans la chair stimulée (merci, le mécano miracle) mais par-dessus les barbelés de la transgression ? Ainsi, le cerveau normatif pourrait se mettre en veille ; il ne gagnerait pas à tous les coups. Elle en fait un statut Facebook dont elle est assez fière et guette le nombre d'amis qui l'aiment. Elle décide qu'au-dessus de 20, sa journée sera réussie. Elle parcourt son fil d'actualités, *like* un peu au pif, rigole à une caricature. Elle n'est pas là sous son vrai nom. Grâce à son blog, elle a été acceptée comme amie virtuelle par des libraires, des écrivains, des éditeurs, ses copines de la vraie vie. Elle voit des chats, des plats cuisinés, des vacances, des fêtes, des statuts malins, cyniques, des partageurs de causes, de l'auto-promotion. Elle trouve que cela manque de dignité. De dignité et de pudeur. Mais elle participe quand même. Et alors ? Elle s'est habituée. Dignité, pudeur, élégance : personne ne s'en soucie plus. Elle aussi maintenant poste des photos de bouffe, alors qu'elle voulait ne partager que des choses ayant trait à la littérature. Elle n'a pas tenu. Elle ne vaut pas mieux que les autres. C'est facile de ne pas réfléchir à ses contradictions. Elle était comme Daddy Aymeric, à se croire supérieure parce qu'elle lisait des livres. Tu parles ! Il suffit de voir comment certains romanciers se comportent sur la Toile pour comprendre. Elle se faisait petite parce que les autres étaient si grands, si beaux, si brillants, même ses amies, et elle terne, insignifiante. Chaque miette d'intérêt qu'on lui jetait la nourrissait pendant des semaines, un miracle, elle en faisait des pains ! Mais les autres n'étaient grands, beaux et brillants que parce qu'elle se faisait petite. Elle avait tout inversé sans le voir. Les autres, ils sont comme elle. Pires, même parfois. Non, elle ne vaut pas moins qu'eux. Reste à en faire quelque chose, de ce constat. C'est pas gagné.

Aller plus loin ? Des paysages se dessinent.

— Précisez-moi tout cela, Hans.

— Que voulez-vous dire, monsieur ?

Berthier lâche un petit soupir exaspéré suivi d'un petit bruit de bouche.

—Vous saviez dès le départ que cette fille venait pour aider Aymeric à écrire un livre.

—Je savais dès le départ que cela lui ferait du bien. Je crois qu'il n'a jamais vraiment pensé que ce livre verrait le jour.

—Mais il lui parle, il lui confie des choses ! Et il devient maboul. C'est dangereux, Hans. Vous le savez.

—Le glycérol tout seul n'est pas explosif. Il a besoin de l'acide nitrique pour devenir nitroglycérine.

—Je dois trouver le sens caché ? Un rapport avec le salaire de la peur ? Vous voulez plus d'argent ?

—Non, monsieur. Je crois que vous vous inquiétez pour rien.

—Si vous le dites… Je deviens peut-être parano. Ou alors je l'ai toujours été. Il lui parle de Nina ?

—De qui ?

—Ne faites pas l'innocent, Hans.

—Il évoque tellement de souvenirs que je ne retiens pas tous les prénoms…

—Mémorisez celui-là. Ils font des choses ?

—Je vous demande pardon.

—Racontez-moi ce qu'elle lui fait !

—Monsieur… se scandalise Hans.

—Non, mieux : filmez, ordonne Berthier avec un sourire cannibale. Je veux des images.

—J'ai beaucoup d'affection pour monsieur Delaroche de Montjoie, vous le savez…

—Justement, je ne suis pas certain que vous ne le protégiez pas. Je veux voir des images.

Des images de son sexe qui ruisselle comme jamais quand Dad lui flanque une fessée ? Il la punit quand elle dit une bêtise au cours de leurs entretiens, la punit quand elle répond de travers aux petits questionnaires thématiques qu'il peut déclencher à tout moment, sur les capitales, les dirigeants politiques, les grandes dates de l'Histoire. Elle doit alors ôter un vêtement, ou se mettre à quatre pattes. Ou au piquet. Pour apprendre à devenir une petite fille sage et obéissante. Des images de Marguerite Santa Lucia déclarant à Daddy Aymeric qu'elle est sa petite cochonne, qu'il peut faire ce qu'il veut d'elle? Dad qui saurait trouver les mots, respecter la frontière entre humilier et corriger. Les mots. Là est la clé, l'explication. Les mots. Ils ont déclenché le corps. Ils commandent sa vie. Elle n'est que mots. Un roman en train de s'écrire? Ce chapitre-ci la sidère et la chavire.

Il ne s'est peut-être rien passé. Il s'est passé ce qu'elle décidera qu'il s'est passé. Il s'est passé ce qu'elle racontera s'être passé. À ses copines — la gueule qu'elles vont faire! Marguerite s'en réjouit d'avance. À Jacek. Ses punitions à lui doivent être... Marguerite s'interdit de fantasmouiller plus avant. L'image de Billie répétant: « Jacek est un super coup » l'aide un tantinet. Elle l'appelle. Il ne répond pas. Elle lui aurait dit quoi, de toute façon? « Menotte-moi »? « J'ai été vilaine, est-ce que tu me trouves belle quand même? »

Bientôt, tout sera oublié. Ce qui s'est passé sera effacé, incertain, déformé ou inventé. Bientôt, Jonas et elle auront un enfant. Ils iront peut-être s'installer en province. Elle cuisinera des légumes grillés au barbecue. Son père faisait ça: des poivrons, des courgettes, des aubergines coupés en lamelles et posés au-dessus d'une belle braise. Quand il revenait à table avec son butin, il sentait le feu de bois. Quand ils auront leur maison de famille, Jonas et elle mangeront sainement. Elle s'en occupera. Elle surveillera la cuisson d'un œil, en lisant sur le transat; ou plutôt non: assise sur une chaise, sinon tout risque de brûler; ou elle pourrait s'endormir. Il faudra être ferme avec les enfants pour qu'ils ne s'approchent pas du barbecue. Oui, sur une chaise, avec un petit verre de rosé. Marguerite aime bien le rosé. Son père disait que ce n'était pas du vin mais l'été, en plein cagnard, son mourvèdre, merci bien! (Il en reste plein la cave de la rue des Moines.) Aura-t-elle le temps de continuer à lire, avec trois enfants? Le soir. Et puis pendant leur sieste. De lire, sans doute, mais peut-être plus d'écrire sur son blog. Ce n'est pas vital, après tout. Beaucoup moins que les enfants. Beaucoup moins que la famille, que la grande tablée à côté du barbecue sur lequel grillent des légumes frais ramenés du marché («Quelqu'un vient m'aider à couper les aubergines?»), la grande tablée avec les enfants, leurs cousins (Jonas aussi est enfant unique, il faudra en inventer) ; avec des voisins, des amis, ça fera l'affaire. Et ils auront de la famille, eux. De grandes et belles familles qu'ils partageront avec Jonas et elle. Il rentre demain. Elle a bien réfléchi, comme il le lui avait conseillé. Et elle va lui sauter dessus.

Marguerite jette le roman par-dessus le rebord de la baignoire dans laquelle, comme chaque jour, elle se prélasse. Malgré les véhémences de Jonas sur le gaspillage d'eau —l'électricité qui anime ses ordinateurs, elle n'est pas nucléaire, peut-être?

—Tu mélanges tout!

—Je t'emmerde!

Et comme chaque jour, c'est ce moment si particulier où un frisson lui fait prendre conscience que l'eau a refroidi qui la pousse à se savonner. Le corps est-il un instrument de mesure fiable? Comme chaque jour, elle se dit qu'elle devrait faire le test, plonger un thermomètre sous la mousse et noter, au quotidien, à quelle température exacte l'eau se rappelle à elle. Il faudra un thermomètre précis, électronique, pas un de ces trucs approximatifs au mercure. Ils sont encore au mercure, d'ailleurs, les thermomètres ? Y'a pas une histoire avec le saturnisme ? Non, c'est le plomb, ça. Le mercure pourrit les poissons. Prennent-ils la température de l'eau ? Ont-ils un thermomètre intégré ? Un programme qui les préviendrait que l'eau est trop chaude ou froide pour leur organisme ? Des images de poissons dessinés un thermomètre fiché dans le cul la traversent en caudillant tandis qu'elle prend sa douche — un bain ne nettoie pas, je t'emmerde Jonas, du moins jusqu'à ce que tu paies la moitié de la facture d'eau. À quoi ressemble un anus de poisson ? À quoi ressemble le sien ? C'est vrai, ça, elle n'a jamais vu son anus. Celui de Jonas, elle en a des souvenirs vagues, bribes de 69, elle n'aime pas cette position. Jonas, l'anus, ça le dégoûte, même récuré comme elle prenait soin de récurer le sien connaissant sa phobie. Comment va-t-il faire pour changer leurs enfants ? Pas question qu'elle se tape les langes toute seule !

Marguerite n'a pas trouvé une seule photo de Jeanne Do sur Internet. Quelques forums et un site spécialisé dans la recension cinématographique évoquent une actrice française du début des années 1970, dont la filmographie se limite à *Jeu de boules à Istanbul* (1972) et *Fourrée dans les fourrés* (1973). Ce dernier film est un court métrage tourné dans le cadre d'une exposition berlinoise d'art brut, *Sex und Natür.* Jonas lui manque. Elle a pensé se réfugier chez Billie. Quand Jonas est trop dur avec elle, Marguerite fuit son propre appartement au lieu de flanquer son mec dehors. Absurde. Cette fois, elle a résisté. Jonas passe quelques jours chez ses parents. « Le temps de faire retomber la tension », a-t-il dit. « Que tu puisses réfléchir tranquillement. » Apparemment, lui n'a pas besoin de réfléchir. C'est elle qui est en tort, lui n'a rien fait de mal.

Il a sans doute raison. Elle est trop chiante. Qu'est-ce que ça peut faire qu'il ait quelques photos érotiques sur son ordinateur, hein ? Il sera quand même un bon père. Si ça se trouve, il va la demander en mariage demain. Comme d'habitude après une engueulade, il reviendra comme si rien ne s'était passé. Tant qu'il revient, Marguerite est contente. À chaque fois, elle à peur de ne jamais le revoir. Qu'il l'ait plaquée pour de bon. De se retrouver seule. Obligée de chercher un nouveau mec, le dégoter, apprendre à se connaître. Ce qui retarderait d'au moins deux ans l'arrivée de son enfant. Impensable.

Aucun résultat non plus au sujet de cette mystérieuse Nina en cherchant avec son vrai nom, que lui a fourni Jacek. Marguerite n'a jamais entendu parler de cet écrivain. Elle se souvient toutefois qu'Aymeric avait dit quelque chose comme : « Tout est dans le livre. » Il faudra en parler à Jacek. Essayer de trouver un de ses romans peut-être, au cas où s'y musseraient des clés.

Dans la cuisine, les gants de vaisselle sont toujours à la même place, sous l'évier. Elle les sort. Ils ont l'air normaux. Des gants de vaisselle en latex. Elle les renifle. Ils sentent le latex. Elle les enfile et glisse la main entre ses jambes. Les gants accrochent sa peau, lui tirent les poils. Elle appuie l'index sur son clitoris et tourne doucement. C'est froid. Désagréable. Elle persévère. C'est un peu douloureux quand elle bouge la main entre ses lèvres recoquillées. Elle a l'impression de les arracher. La douleur, rien de tel pour faire tomber les masques. On se donne l'air, on se pomponne, on choisit ses souliers et son petit haut, « pas trop longue la frange », et la douleur te ravage tout ça en moins de deux. *Bam!* une beigne, *bam!* un coup de pied dans les côtes. Elle avait vraiment énervé Jonas, ce jour-là, elle ne sait plus à quel sujet. La première fois que Jonas l'a frappée, elle a été si surprise qu'elle n'a pas réagi. L'avait-elle cherché ? Jusqu'alors, elle pensait plus ou moins que ce genre de femme, les victimes, méritaient leur sort. Son gros nounours, c'était différent. Il était malade sans doute. Il avait besoin d'elle. La preuve, il avait fondu en larmes. La douleur… On crie, on bave, on pleure, on s'en fiche pas mal de sa coiffure ou de son maquillage à ce moment-là – ce moment où l'on n'est plus qu'une carcasse en connexion avec sa finitude.

Au moment où elle jouit, debout contre l'évier, c'est l'image d'Aymeric fixant sa culotte qui lui vient. Elle le lui dira demain. Jonas ne l'a pas frappée tant que cela, si elle y réfléchit.

Avant de se coucher, elle retrouve l'adresse de Sylvie. Elle écrit à sa cousine une lettre d'excuses et prépare un paquet avec la veste que celle-ci avait oubliée chez elle un soir de fête, voilà bien longtemps maintenant.

Elle dort dix heures d'affilée, pour la première fois depuis des années.

A-t-elle bien entendu ? Au milieu des chevrotements d'Aymeric, a-t-elle entendu ce qu'elle a entendu ?

— Comment vous m'avez appelée ?

— Billie. Je... je suis désolé. Tu lui ressembles tellement.

— À qui ? angoisse Marguerite, glacée.

— Oh, mon petit, ce n'est pas grave, crois ton vieux papa.

— Je veux savoir à qui je ressemble !

— Billie. C'est... c'était une égérie, dans les années 70.

— Je croyais que je ressemblais à une actrice. Une actrice de films érotiques. Jeanne Do. Pas très flatteur, d'ailleurs...

— C'était le pseudonyme de Billie. Tu sais, ce n'était pas si vulgaire, le porno, en ce temps-là. Et même parfois assez artistique.

— Un sexe dans un sexe, je n'ai jamais trouvé ça très artistique.

— C'est un de tes problèmes, ma petite fille.

— Billie comment ?

— Quoi ?

— Son nom de famille ?

— Billie était juste Billie. Tout le monde la connaissait. C'était une reine ! La déesse de la nuit. Et puis elle s'est mariée. Deux ou trois fois. Je sais juste que son vrai prénom était…

— … Annabelle. Mais ça fait tellement vieillot.

Elle appelle « daddy » un homme qui a dirigé le pays pendant des années ; elle n'a rien écrit du livre qui lui a été commandé ; le futur père de ses enfants (à reconsidérer) est un adepte de la pornographie sur Internet. Malgré cela, le bus s'arrête toujours au même endroit sur le même trajet, les gens qui en montent et en descendent ont toujours des mines aussi revêches, les deux-roues des trajectoires aussi effrayantes. N'est-elle pas en droit de tomber en dépression ? Ah oui ! Sa mère est une ancienne actrice porno.

En sortant de chez Aymeric, Marguerite a demandé à son téléphone de composer le numéro de Billie. Elle a raccroché avant que celle-ci ne réponde. Que lui dire ?

Elle se touche le visage, les bras, les jambes. Elle existe. Elle est un corps. Elle a un corps. Bon début. Elle sort le roman de son sac à main et s'extrait du monde.

À l'appartement, sa résolution de sauter sur Jonas se heurte à la nuque de celui-ci. Manette en main, il ne fait qu'un avec l'écran. Il n'est guère spontané à Marguerite de proposer la botte à son mec. En théorie, c'est simple ; quand on n'a aucune pratique, on se sent comme Antonin Carême face à un micro-ondes.

— Ton séjour s'est bien passé ? demande-t-elle.

— *Mmmm.*

Un zombie tombe. Puis un autre. Puis un groupe fauché par une rafale.

— Ça avance, *PulsionS ?*

— *Mmmmm.*

Aux aguets, Jonas traverse un centre commercial aux boutiques éventrées — ces fichus zombies sans doute.

— J'ai envie de baiser. J'ai envie de ta queue.

À droite ou à gauche ? Jonas hésite. Il ne s'agirait pas de se faire coincer dans un cul-de-sac.

— J'ai couché avec Delaroche.

— Ah…

Bon sang, un zombie s'était caché derrière le distributeur automatique de boissons ! Tu vas voir, face de pustule !

— C'était très excitant.

— Putain de merde !

D'un balayage aux jambes, Jonas déséquilibre le zombie tout baveux, ce qui lui donne le temps de sortir son flingue et d'éclater la tête du fâcheux.

Après une journée de travail à l'Élysée, Aymeric ne jouait pas aux jeux vidéo. Il avait pris des décisions, mené la politique de la France, intérieure et extérieure, il avait eu des responsabilités de dingue. Et c'est des mecs comme Jonas qui le critiquent ? Des mecs comme lui dont a dépendu sa réélection ? (Les mecs comme Jonas, du temps où Delaroche était candidat à la présidentielle, buvaient des demis sur des comptoirs en zinc et jouaient au flipper. Ils avaient des vestes en jean avec un patch AC/DC ou Metallica cousu (par maman ?) dans le dos. Ils avaient des mobs et disaient « craignos » et « condés ». Ainsi du moins se les représente Marguerite.)

— Ma mère était actrice porno, tu te rends compte !

— Non ? Sans déconner ? C'est génial !

— Génial ? Mais t'es con ou quoi ?

La saloperie de sa race de sa mère l'actrice porno de zombie chafouin ! Il a fait tomber mes fioles d'antidote, merde ! Faut que je dégage d'ici, ça pullule, et en plus le jour baisse.

*

— J'ai vraiment été très vilaine, hier soir, Daddy.
— Ah bon ?
— Oui. J'ai… Oh, je n'ose pas le dire…
— Tu as quoi ? Qu'est-ce que tu n'ose pas dire, mon ange ?
— Il y a certains mots que je n'emploie jamais, tu sais.
— Comme ?
Elle baisse la tête et rougit. Elle est elle et une autre. Elle a chaud et aime cette sensation.
— Bite. Je ne dis jamais bite.
— Et ce que tu as fait de mal hier, c'était avec…
— … une bite. Une grosse bite. Je l'ai…
— Oui, ma chérie. Raconte à Daddy.
— Je l'ai mise dans ma bouche.
— Et tu as aimé ?
Elle hoche la tête.
— Tu vas me punir, Dad ?
— Hélas… Cela me désole, mais je suis obligé. Ce n'est pas rien ce que tu as fait ! Redis-le-moi.
— J'ai sucé une grosse bite. En lui malaxant les couilles.
— Et il a joui ?
Il n'a pas réussi. Il a pensé très fort à Kelly, à Connie, aux photos de Lou et à sa voix qui, quelques heures plus tôt, l'avait encouragé pendant qu'il se pognait devant sa webcam et qu'à 5000 kilomètres de là elle enfouissait la main dans sa culotte trempée. Cela lui a permis un semblant de bandaison, qui n'a pas tenu. Il a prétexté la fatigue, les soucis. Marguerite a pensé que c'était de sa faute à elle, qu'elle était incapable de tailler les pipes, qu'elle n'était pas excitante.
— Non, Daddy. Je suis vraiment une mauvaise fille. Je ne sais rien faire correctement, même pas pécher.
— Approche-toi. Très bien. Lève ta jupe maintenant.
Elle obéit, frissonnante d'anticiper ce qui

— Aïe !
— Une bonne fessée, ma fille. Tu l'as méritée.
— Oui, je… Aïe !
— Et ta culotte, hein ? Où elle est ta culotte ?
— Je… j'ai… aïe !
— Mais… Qu'est-ce que je vois ?
Oh bon sang comme elle est aguichée ! Fourmillante, des flammèches dans le ventre.
— Tu as rasé ton petit minou !
— Oui.
— Pourquoi tu t'es rasé la chatte ?
— Écoute, Jonas, je ne suis pas certaine qu'il y ait besoin d'une raison, mais si je te disais que c'est pour t'exciter ?
— Pour me… mais pourquoi ?
— Est-ce que : « Parce que tu es mon mec » te semble une réponse acceptable ? Est-ce que si j'ajoute : « Depuis six ans », j'ai des circonstances atténuantes ? Je voudrais que tu me baises, maintenant.
— Que je te baise ? Marguerite, tu as consommé des stupéfiants ?
— Parce que j'ai envie de me faire prendre ? Par mon mec ? Toutes mes copines font l'amour au moins trois fois par semaine, Jonas. Depuis quand on ne l'a pas fait, tous les deux ? Je ne t'excite pas, c'est ça ?
Elle dut se rendre à l'évidence après dix bonnes minutes de fellation infructueuse.
— Tu veux qu'on essaye des trucs, Lapin ? Des trucs cochons ?
— « Essayer des trucs » ? Ça ne marche pas comme ça, Marge !
Il lui semblait pourtant qu'au contraire, c'était ainsi que ça marchait. En murmurant des choses comme
— Oui, Daddy, je me suis rasée. C'est tout doux. Tu veux toucher ?

Les poils qui commencent déjà à repousser sur son pubis la démangent. Marguerite essaie de se gratter discrètement. Dans la file d'attente de la boucherie, elle place son sac devant sa main pour masquer son manège. Quand son regard tombe sur des paupiettes dans la vitrine réfrigérée, elle sort. Elle assimile paupiettes et paupières ; l'idée de manger des paupières de veau la révulse autant que de la langue de bœuf. Son cœur bat vite. Elle est de ces gens gênés de quitter une boutique sans rien avoir acheté.

Deux mondes pourraient-ils coexister ? Celui dans lequel elle serait la vilaine petite fille punie par son vieux Daddy et celui, le vrai, dans lequel elle aime tendrement Jonas, son mec, l'homme avec qui elle va fonder une famille. Une famille unie, une belle famille pleine de chaleur, de rires, de joyeux foutoir, les jouets qui traînent partout, le trampoline au fond du jardin — on ne reste pas à Paris quand on a une joyeuse famille, on vit dans un endroit avec du vert et l'école au bout de la rue, un endroit où tout le monde se connaît et s'entraide, un endroit où on va au marché le mercredi et le samedi matin, où la boulangère vous lance : « Une boule aux graines, comme d'habitude ? » Une fois le pain rangé dans sa huche et les légumes terreux aux formes irrégulières dans le bac du frigo, chaise longue à côté de la piscine gonflable pour surveiller les barbotages.

Elle aime bien Virgile, comme prénom. Il faudra en parler à Jonas. Même s'il évite les discussions sur les prénoms.

— Ce n'est pas d'actualité, marmonne-t-il.

— Reconnais quand même que Virgile, c'est topissime !

— Et avec quoi on va l'élever, hein, ton Virgile ?

— *Notre* Virgile ! Et Paméla si c'est une fille.

— T'as jamais eu de CDI, Marge ! Arrête de délirer !

Il est pénible, Jonas, à toujours parler de fric, comme si c'était le plus important. Construire une famille extra n'a rien à voir avec l'argent ! Les pauvres, ils ne font pas d'enfants, peut-être ?

— Ils ne devraient pas.

Marguerite le chérit alors elle lui pardonne. Elle ne lui en veut pas d'être si peu enthousiaste et de dire des bêtises. D'ailleurs c'est bien connu, les hommes sont toujours à la traîne sur ce sujet et après, ils sont tout fiers d'être papa.

Jonas dit que sa coopération avec le graphiste fonctionne « de folie », qu'ils ont presque fini le boulot sur *PulsionS*. Il lance « À demain » en claquant la porte de l'appartement. Marguerite ne sait plus si elle doit le croire. C'était plus confortable quand elle prenait tout pour argent comptant. Elle téléphone à Jacek. « Je peux te faire à dîner, si tu veux. » Elle est surprise qu'il accepte. Elle prépare des légumes sautés. Puis, avant d'aller se laver et s'apprêter (penser à mettre de l'après-rasage de Jonas sur son pubis râpeux), elle ouvre une des bonnes bouteilles qu'il lui reste de son père. Elle n'y connaît rien mais se dit que « Grand cru classé » et « 1987 », ça en jette.

— Tu n'as pas du whisky, plutôt ? demande Jacek en regardant la bouteille de rouge d'un air circonspect.

— Ah, OK, tu es un barbare pour de vrai.

Elle n'a pas de whisky. Jacek opte pour une prune, un truc que les grands-parents paternels de Marguerite faisaient eux-mêmes (c'est marqué à la main sur l'étiquette).

— Je ne les ai pas vus depuis l'enterrement de mon père.

Elle aime bien les cimetières, visite tous ceux devant lesquels elle passe. Elle y pense à son père. Puisque son nom est gravé dans la pierre, il ne s'effacera jamais. Elle n'aime pas ces histoires de cendres que l'on disperse. Alors quoi ? Rien ne dure, tout s'envole, même les morts ?

— Tes parents sont encore en vie ? demande-t-elle.

— Non.

— C'est gentil d'être venu.

— Je ne suis pas gentil, petite fille.

— Je n'ai pas dit ça. Et je ne suis pas une petite fille.

— Quel est ton but, dans la vie ?

— Mon but ?

— Oui, ton but.

— Je... Je ne sais pas, bafouille Marguerite. Il faut avoir un but ?

— Oh non. Tu peux rouler au hasard, tourner en rond, courir comme un poulet sans tête.

— C'est vrai ?

— Quoi ?

— Cette histoire de poulet qui continuerait à courir une fois décapité.

— Je n'ai pas fait beaucoup d'études.

— Tu aurais pu avoir grandi à la campagne, hasarde-t-elle.

— Plus personne ne fait une chose pareille, si ?

Marguerite rit à sa blague. Du moins imagine-t-elle que c'en était une : Jacek a gardé le même air impassible.

— Et toi, poulet qui a la tête sur les épaules, c'est quoi, ton but ?

—Je ne suis pas sûr de pouvoir t'en parler.

Marguerite aime bien sa voix. Mais surtout qu'il la regarde droit dans les yeux quand il s'adresse à elle.

—Tu lances la discussion sur un sujet dont tu ne veux pas parler? Original…

—Je ne suis pas très doué avec les mots.

—Alors agis!

Sans blague, qu'est-ce qui lui arrive de balancer des répliques pareilles? Elle se fait peur.

—Je ne suis pas certain que ce soit ce que tu veux. Ni une bonne idée.

Marguerite lève la main pour le gifler. Il lui attrape le poignet avant qu'elle atteigne sa joue. De l'autre main, il arrache son chemisier. Soie imprimée Givenchy, collection haute couture printemps précédent, une pièce à 2000 euros au bas mot. Qu'est-ce qu'ils ont tous à la violenter? C'est ce qu'elle inspire aux mâles? Jacek la plaque contre le mur et plonge la tête dans son cou. Il la mordille, l'épaule, l'aisselle, c'est surprenant. Elle n'est pas vraiment émoustillée mais a envie de vivre la suite de l'épisode. Peut-être devrait-elle faire quelque chose? Jacek lui bouffe un sein à présent. Retour au conformisme... Marguerite connaît la prochaine étape: la main dans sa culotte. Au moins, il n'a pas commencé par lui rouler une pelle. Et la virulence saccadée de ses gestes lui donne le sentiment d'être désirée. Devrait-elle lui mettre la main au paquet? Même dans cette situation, elle cherche le mode d'emploi, l'orthodoxie. Désespérant… Bingo, la main de Jacek dans sa culotte! Qu'elle se laisse faire peut s'appeler tromper Jonas, non? Plus qu'avec Daddy? Jonas… Elle y pense comme à un animal de compagnie, soudain. N'est-ce pas à lui qu'elle devrait avoir envie de parler des choses qui arrivent (enfin) dans sa vie? Eh bien non. Et à ses copines non plus. Encore moins à sa mère. À Jacek, oui. Mais il n'a pas trop envie de causer, là, à genoux devant elle, agrippé à ses hanches. Il respecte la procédure bien dans l'ordre, c'est effectivement l'heure du petit cuni. Au moment où il la retourne et commence à la lécher entre les fesses, Marguerite abandonne toute velléité d'analyse situationnelle.

— Je croyais que t'allais dire qu'on n'aurait jamais dû faire ça.

— Ton instinct de flic serait-il défaillant?

— Mais tu le penses, non?

— Non.

— Je croyais que t'allais me demander si ça ne me gênait pas de me taper la mère et la fille.

— Ça m'a traversé l'esprit.

— Mais?...

— Mais en fait je m'en fiche.

— Elle est quand même un peu conne, ta mère.

— Jacek, je ne te trouve pas très élégant de dire ça.

— C'est vrai, non? Elle répète toujours les mêmes trucs en boucle. T'as remarqué qu'elle commençait toutes ses phrases par: « Écoute, moi je... »

— Pourquoi tu continues à coucher avec elle, alors? Parce que c'est un bon coup?

— T'as raison, parlons d'autre chose.

— On ne va pas parler du tout parce que tu vas rentrer chez toi, poulet.

Jonas peste. La cuisine est dégueulasse. Il traite Marge de noms d'oiseaux, putain, c'est quand même pas difficile de passer un coup d'éponge sur la table, la gazinière, de nettoyer une poêle et deux assiettes, merde ! Deux assiettes ? Il note aussi deux verres dans l'évier, des verres à vin, et une bouteille de rouge vide au pied de la poubelle. Dans la chambre flotte malgré la fenêtre ouverte une vague odeur de tabac froid. C'est quoi, ce délire ?

— Bordel !

Il passe sa rage sur le premier objet qui lui tombe sous la main, le valet de nuit vintage italien qu'elle aime tant (« Dessiné par Osvaldo Borsani, tu te rends compte ! » s'était-elle exclamée en le ramenant d'une brocante). Le valet valse à travers la chambre et fracasse une lampe au passage. À quoi joue-t-elle ? Pendant cinq ans, il vit avec une fille qui sait à peine où se trouve son propre clitoris et voilà qu'elle se transforme en escaladeuse de braguettes et prend un amant ? Elle va lui payer ça. Et cher.

Il rumine sa vengeance quand on sonne à la porte. Jamais personne ne sonne à cette porte. À moins que la vieille du dessous, dérangée par le bruit…

Il ouvre et se retrouve face à une mauvaise imitation de Jason Statham.

— Quoi ? lâche-t-il d'un ton rogue.

— Vous êtes Jonas Ashour ?

— Peut-être.

— Je suis Jacek Krychowiak, police judiciaire. Veuillez me suivre.

— Pourquoi ? J'ai rien fait.

Jacek sent que Monsieur Gros-Tuyau panique sous son attitude bravache.

— Et puis montrez-moi votre carte, d'abord !

Avec un sourire narquois, Jacek obtempère.

— Allez, venez. Je ne vous arrête pas. On va juste discuter.

— De quoi ?

— Monsieur Ashour, je suis assez peu patient. Tout irait beaucoup plus vite et serait beaucoup plus simple si vous cessiez de discutailler.

— J'ai quand même le droit

— Au choix, coupe Jacek, détention d'images à caractère pédo-pornographique ou fraude à la carte bancaire. Vous me suivez.

— La salope ! éructe Jonas.

— Je vous demande pardon.

— C'est elle qui m'a balancé, hein ? Elle a un nouveau mec, plus rien à foutre de moi alors elle me dénonce ! Quelle pute !

Jacek tend la main et saisit Jonas au cou.

— Il n'y a pas de pute, il n'y a pas de salope, il y a la BPM, Brigade de protection des mineurs, habilitée à transmettre des informations aux équipes qui traquent la cyber-criminalité. Personne ne vous a dénoncé, nous voulons juste vous entendre. Mais si vous continuez à me les briser, le ton va changer, M. Ashour. C'est compris ?

— Oui, gargouille Jonas. Oui, c'est compris.
— Très bien, allons-y.

*

Ce Berthier a vraiment une tête de faux-derche. Il fait peur, d'une manière différente de Jacek. Le flic inspire une crainte respectueuse, comme un ours qu'on verrait de l'autre côté de la rivière, dressé sur ses pattes arrières pour cueillir des baies. Berthier provoque une peur froide, une terreur, comme un crocodile ou un serpent. Il sort de chez Aymeric quand Marguerite arrive. Il la dévisage longuement, sans s'arrêter, et s'engouffre à l'arrière qu'une voiture stationnée non loin.

— Peut-être que c'est la dernière fois que nous nous voyons, ma petite Marguerite.

Aymeric est très agité. Il tremble de partout. Il a vraiment l'air très vieux.

— Arrêtez vos bêtises !

— À mon âge, vous savez, je peux partir n'importe quand. Et puis il vaut mieux ne pas déchoir. Il ne faudra pas chercher à savoir. Ou alors si mais… Je ne sais pas, c'est si lourd à porter…

— À savoir quoi ? De quoi parlez-vous, Aymeric ?

— Oh sapristi ! J'ai des blancs, des blancs, c'est terrible.

— Calmez-vous.

— Il ne faut pas que je me calme. Il faut que je reste en éveil. Il ne faudra pas chercher à savoir. Montrez-moi vos seins, soyez mignonne. Vous savez que ça me fait du bien. Juste les seins, dans le soutien-gorge. Vous avez mis lequel aujourd'hui, mon enfant ?

— Je ne suis pas votre… Aïe !

Il l'a attrapée sans douceur par les cheveux.

— Qu'est-ce qui vous prend ?!

—Tu es belle, Marguerite, lui murmure-t-il à l'oreille. Tu es très belle. Daddy va te

Marguerite se dégage. Elle rajuste sa robe Christian Lacroix.

—Ne garde pas une mauvaise image de moi, ma petite fille, je t'en supplie. Il faudra… Essaye de…

Il lisse les trois pauvres cheveux blancs qui ornent encore son crâne luisant et tavelé, tire sur les revers de sa veste de costume.

—C'est encore mon chenapan d'ego qui parle. Je vous demande pardon. C'est que j'aimerais tellement… Il faut avoir une vie en forme de proue. Je disais cela, jadis. Une vie en forme de proue, mon petit, vous comprenez ? Oui, c'est phallique, la proue, sans doute. À l'opposé de la poupe. De la croupe. J'ai essayé et puis… les forces contraires, l'inertie, c'est tellement difficile. Tellement difficile. J'ai tâché de me rattraper, avec les autres. Oui, on a essayé. Peut-être pas de la meilleure des manières. Il faudra nous pardonner. En silence. En secret. Nous sommes condamnés à expier en cachette. Entre nous-mêmes et nos consciences. Il ne faudra pas chercher à savoir. Ou alors si… Pourtant, nous aurions pu. J'aurais pu. Les forces contraires. La proue qui cesse de fendre fièrement les flots. Le mot panache avait encore un sens, vous comprenez ? La beauté du geste.

—Qu'est-ce qui a fait changer les choses ?

—Les images. La vitesse. L'instantané. La dimension.

—La dimension ?

—Horizontal, vertical, perspective, profondeur. Il n'y a plus de perspective ni de profondeur. Terminé verticalité, transcendance ou hiérarchie. Il ne reste que horizontal. Surface. Plat. Comme les écrans.

—Écoutez, Aymeric, je ne comprends rien à ce que vous racontez. La Hyène me met la pression et je n'ai rien à lui faire lire. On va essayer de reprendre les choses dans l'ordre.

Elle ne va quand même pas écrire un livre sur la libido de l'Ex. Elle n'aime pas les scènes de sexe dans les romans. Aymeric cligne des yeux. Sa lippe tremblote.

— Vous avez raison. Depuis le début, vous ne comprenez rien. Ce projet de livre ne mène nulle part. Restons-en là.

— Je… Vous êtes sérieux ? bégaye Marguerite.

— Oui. Et ne vous inquiétez pas, vous serez payée pour le travail accompli, j'en fais mon affaire.

— Comme ça ? Hop, c'est fini, vous me congédiez ?

— Oui. Hans va vous raccompagner. Hans ! Hans !

Le cri d'Aymeric ressemble à un croassement éraillé. Il tremble, chancelle, s'appuie au mur pour garder l'équilibre. Marguerite se précipite vers lui. Il tourne la tête. Elle a un mouvement de recul. Il pleure, le visage déformé, hideux. Hans ouvre la porte.

— Venez, mademoiselle Santa Lucia.

Aymeric se détourne vers le mur, secoué de sanglots.

— Ce n'est pas votre faute. Partez, maintenant.

— Allons, suivez-moi, insiste Hans.

Marguerite sort à reculons.

Elle marche. Elle marche. Elle marche désagrégée. Elle marche corps souverain au relais de l'esprit encalminé. Elle marche figée dans l'entrefaite où l'a frappée cette flagrance : le visage cubiste d'Aymeric. « Pas votre faute », a-t-il dit. Pas sa faute la mort de son père ? Elle a longtemps cru le contraire, pas sa tête mais son corps, celui qui marche les pieds en sang dans des escarpins peu coopératifs. Elle se raisonnait : non, son père ne s'était pas suicidé parce qu'elle était une petite fille trop imparfaite, pas très gracieuse ni jolie, loin d'être la meilleure à l'école. Non, bien sûr que non, lui disait sa tête. Or sa chair en avait décidé autrement, qui bâfrait pour engorger l'absence, s'encroûtait pour que la culpabilité se vît à fleur de peau. Pas sa faute, facile à dire, encore fallait-il que quelqu'un le lui dise.

Les pieds en sang, elle marche. Jusqu'à chez Billie, a-t-elle décidé. Jusque chez Jeanne Do. Jusque chez Annabelle. Jusque chez maman. Pieds nus, ce sera une sorte de… elle ne sait pas trop quoi, un geste mystique, ou initiatique, ou rédempteur, ou simplement physique. Pourquoi vouloir des adjectifs, d'ailleurs ?

Elle marche.

« Mademoiselle Pet-de-Travers » la surnomme Jonas. Pas très élégant mais pas faux. Les allergies, les plaques prurigineuses, les céphalées, les nœuds à l'estomac : toujours un truc qui ne va pas. Elle marche pour exiger de son corps docilité et obéissance. Marcher droit. Au pas. C'est elle qui commande.

*

— Qu'est-ce qui s'est passé avec papa ?

— Comment ça ?

— Maman, arrête ! Tu as très bien compris. Tu l'aimais ? Est-ce que tu l'as quitté parce qu'il était ruiné ? S'est-il suicidé à cause de toi ?

— Tu crois que c'est aussi simple ? Qu'il y a une cause pour chaque effet ? Une victime et un bourreau ?

— Non mais... Je ne sais même pas… Je ne sais rien de votre histoire.

— S'il était encore là, tu n'en saurais pas plus. Écoute, moi je

Marguerite éclate de rire.

— Quoi ? fait Billie, un peu vexée.

— Il a raison, Jacek, tu dis sans arrêt : « Écoute, moi je… »

— Jacek ? Tu le… vois ?

— De temps en temps.

— Tu…

Billie se tait, terrassée. Sa coupe un peu en pétard et son T-shirt Led Zeppelin semblent absurdes, soudain.

— Ça alors, maman ! Tu n'arrives pas à le dire ? Oui, j'ai couché avec lui.

— T'es venue jouir de ta petite vengeance, c'est ça ? Écoute, moi je suis ta mère et

— Tu l'as redit !

— J'ai redit quoi ? s'agace Billie.

— « Écoute, moi je... », tu l'as redit.

— Oh, ça va Margot !

— Marguerite. Je m'appelle Marguerite. Tu es bien placée pour le savoir, non ? Et toi, c'est Annabelle.

— Ça fait vieillot.

Billie s'agite dans le salon, prend un magazine pour le poser ailleurs, cherche un truc dans son sac, revient vers le balcon qui donne sur le jardin fleuri, repart vers le canapé, la démarche nerveuse.

— Tu as des problèmes, ma chérie ?

Marguerite est attendrie. Billie n'entre sans doute pas dans la catégorie des mères idéales, même si tous ses copains et camarades de classe l'ont toujours trouvée « trop cool », mais elle se soucie vraiment de sa fille. Même mal, même de travers, elle s'en soucie. Marguerite sait qu'elle pourra toujours compter sur elle.

— Pourquoi tu ne m'as jamais dit que tu avais fait du porno ?

Pour désarçonner Billie, tu peux toujours courir. Pourtant, là, elle vient de tomber de haut ; de plus haut qu'un cheval. C'est la première fois que Marguerite la voit ainsi. Soudain, elle l'envisage de loin, extérieure, elle remarque ses rides, ses cheveux teints auburn flamboyant, se demande si elle ne s'est pas fait botoxer, ou du moins lifter le visage. Elle perçoit une gêne fugitive, une once de pudeur. Elle voit sa maman qui a vieilli, le sait, et qui fait face avec extravagance, outrance. Marguerite trouve que cette réaction ressemble à une forme de dignité.

— Tu n'as jamais voulu qu'on soit copines, Margot.

Marguerite se lève du petit fauteuil en osier et prend sa mère dans ses bras. Raide et crispée, Billie se dégage.

— Tu sais, c'était pas vraiment du porno. C'était plutôt

chic et expérimental. Bon, où j'ai mis mes clopes, moi ? Tu pourras dire à Jonas de venir regarder mon Mac ? Ma messagerie merde encore, j'y comprends rien.

— Dis-moi juste : mon père, c'était un mec bien ?

— C'est quoi ces questions ? s'exaspère Billie. T'es devenue sentimentale, tout à coup ? Il avait des défauts et des qualités. Plus de qualités que de défauts, sinon je ne l'aurais pas épousé. Merde, qu'est-ce que j'ai fait de mon briquet ?

— Ta cigarette est allumée, maman.

Billie arrête son mouvement et se tourne vers sa fille.

— Bon, écoute, tu veux vraiment savoir ?

La sonnette du portail stridule soudain le salon.

— C'est quoi, ça, encore ? Oui ? beugle-t-elle dans l'interphone en faisant tomber sa cendre sur le tapis. Jacek ? Ah, on peut dire que tu tombes bien !... Oui, elle est ici. Je t'ouvre.

Elle raccroche.

— Le mec qui vient chercher sa jeune maîtresse chez la vieille, je rêve ! Je vais me servir un verre, moi. J'ai une soirée chez... Mais qu'est-ce qu'il lui prend ? On n'est pas dans *Bullitt,* pas la peine d'arracher mon gravier !

Depuis le balcon, Marguerite a vu le demi-tour au frein à main effectué par Jacek. Il sort de sa voiture sans couper le contact, laissant la portière ouverte. Il lève la tête et la voit.

— Marguerite, viens on s'en va !

Discerne-t-il son froncement de sourcils ?

— Descends ! ordonne-t-il.

Elle traverse le salon, la salle à manger, ouvre la porte et se retrouve dans le jardin. Jacek est légèrement en contrebas, au pied de la quinzaine de marches qui relient les deux terrasses. Billie apparaît au balcon.

— Le râteau est dans le garage, pour le gravier.

— Désolé, Billie, grosse urgence. T'as refermé le portail ?

— Non. Prends soin de ma fille, j'y tiens.

Marguerite lève les yeux vers sa mère et lui sourit.

— Je n'en ai qu'une.

Jacek est déjà au volant. Marguerite a tout juste refermé la portière que la voiture bondit en avant, projetant des gerbes de terre et de petits cailloux sur les côtés. Elle peut presque entendre sa mère hurler : « Mon gravier ! »

Jacek dévore la ville, sirène et gyrophare.

— Dès qu'on s'est éloignés, je t'explique.

Marguerite hoche la tête, agrippée à sa ceinture de sécurité.

— Éloignés de quoi ?

— De Paris.

— Y'a un rapport avec M. Propre ?

Jacek hoche la tête. Il est concentré. Les voitures s'écartent maladroitement, comme des chèvres sur une route corse. Marguerite sue d'abondance.

— Faut repasser chez moi, alors.

— Pas le temps. Tu achèteras des fringues là-bas.

— Mes notes. Mes enregistrements.

Jacek change de direction dans un grand crissement de pneus. Les piétons flippent, ça leur fait des gueules rigolotes. Jamais Marguerite n'aurait cru son appartement aussi près de chez sa mère. Jacek laisse la voiture en double file, gyrophare tournant. Il sort son flingue et prend une Marguerite ébaubie par la main. Il court penché en avant, comme si des snipers allaient les canarder depuis les toits du XVIIe. C'est un peu ridicule. Ça l'est beaucoup moins quand ils arrivent devant la porte de l'appartement, grande ouverte. À l'intérieur, tout a été retourné. Jacek soupire. La petite, toujours au bout de son bras, est décomposée. Elle court dans l'appartement en criant le prénom de son mec. Jacek sait qu'il n'est pas là puisqu'il l'a oublié menotté dans son bureau quand il a appris la nouvelle et est parti en trombe. Pendant que Marguerite essaie d'appeler son Jonas, il envoie un SMS à un collègue pour lui demander de libérer son prisonnier. Il ne lui aurait pas déplu de le faire mariner encore un peu, ce gauchiste de pacotille qui vole du fric à sa copine pour engraisser des cyber-proxos via un site immatriculé aux Îles Vierges — des comiques, les fondateurs de KaMaSturba.

— T'inquiète pas, il va bien.

— Comment tu sais ! crie Marguerite.

— Je le sais, c'est tout. Fais-moi confiance. Ils ont pris tes documents ?

— Oui.

— Attrape deux ou trois affaires, on se casse.

Marguerite prend des chaussures confortables, des sous-vêtements et commence à faire son choix dans le dressing. Jacek lui arrache le sac des mains, y fourre des fringues au hasard et entraîne la jeune femme dans les escaliers après avoir refermé la porte d'un coup de pied. K.O. debout la Marguerite. Tant mieux, elle va la boucler un moment. Il réenclenche la sirène et s'éjecte de ce quartier de bourges.

*

Pourquoi ne sort-elle jamais de Paris ? C'est pourtant joli, ces petites routes bordées de bois et de champs. Elle s'est toujours crue citadine ; ses copines et elles faisaient même de la surenchère sur le sujet — elle gagnait toujours à la fin car née à Paris, contrairement à Sidonie (Quimperlé), Fanny (Metz) et, honte atomique, Caro la banlieusarde, *born in* Puteaux, eh oui, une Putéolienne, on ne s'en lasse pas. Un panneau indique La Ferté-Saint-Aubin. Qui saurait aujourd'hui placer ce bled sur une carte de France ? Billie connaît tous les départements avec leur code et leur préfecture, ainsi que les capitales de la plupart des pays du monde — même des pays qui n'existent plus comme la Yougoslavie ou le Dahomey. « Quand l'instit t'interrogeait, t'avais pas intérêt à te tromper. Sinon, coup de règle sur le bout des doigts. Et les parents ne venaient pas se plaindre ; au contraire, tu reprenais une calotte à la maison. Au final, tu respectais tes profs, tes parents, et tu savais tes leçons. » Marguerite sera incapable de lever la main sur son enfant. Incapable.

Très vite après leur départ de l'appartement, elle a fermé les yeux, sans plus se soucier de Jonas. C'était presque amusant, ainsi. Jacek n'a pas desserré les dents pendant trois bons quarts d'heure. Il roulait à plus de 200. Sans sirène mais avec le gyrophare. Il ralentissait au passage des radars. Il est sorti de l'autoroute un peu avant Orléans.

— Faut pas qu'ils puissent nous tracer, a-t-il marmonné.

Depuis, il emprunte des petites routes. Fini la lumière bleutée dans l'habitacle, mais les limitations de vitesse repasseront.

— J'ai envie de faire pipi, dit Marguerite.

— Dans un chemin creux, ça va ?

Elle farfouille dans son sac.

— J'ai des mouchoirs en papier, c'est bon.

Dès qu'elle remonte dans la voiture, Jacek lui prend la main, puis allume le poste de radio. Il cherche dans les présélections et s'arrête sur France Info. « Flash spécial », répète le présentateur. Un attentat, à Paris, vers 12h30. Lors de sa visite officielle en France, Robert Mugabe, président de la République du Zimbabwe depuis vingt-huit ans, a été assassiné. Une explosion de forte puissance au Musée des Arts Premiers, que Robert Mugabe visitait en compagnie de hautes personnalités de l'État. Dont Aymeric Delaroche de Montjoie, qui compte au nombre des victimes.

Marguerite se laisse aller en arrière sur son siège. Hébétée. Ce matin encore, Aymeric et elle… Les larmes coulent — elles ne savent faire que ça.

— J'aurais dû comprendre, finit-elle par soupirer. Ce matin, il m'a congédiée. Et il m'a dit : « C'est peut-être la dernière fois que nous nous voyons, Marguerite ».

Jacek ne peut retenir son sourire : la petite imite drôlement bien DDM.

— Tes messieurs propres l'ont finalement eu, reprend-elle.

— Non. Là, c'est lui.

— C'est lui ? C'est lui, quoi ?

— Ils ne le diront jamais à la radio ni ailleurs, mais il n'est pas victime de cet attentat.

— Il est vivant ?! s'exclame Marguerite.

— Non, pardon, ce n'est pas ce que je voulais dire. C'est lui, l'attentat. Du PETN, un explosif surpuissant et indétectable. Dans ses chaussures sans doute.

— Comment tu sais ?

— Dois-je te rappeler où je bosse ?

Marguerite hoche doucement la tête. Les bribes de discours décousus d'Aymeric sur la rédemption et les remords prennent soudain sens. Il a voulu finir sur un coup d'éclat. Mais que personne ne sache.

— Ce matin, il m'a répété qu'il ne faudrait pas chercher à savoir.

Elle renifle. Jacek éteint la radio.

— Rien à voir avec ton affaire, alors ? poursuit-elle.

— J'en sais rien. Si on a une organisation qui planifie les assassinats

— Le Dispositif… murmure-t-elle.

Jacek se redresse, ressort qu'on relâche.

— Qu'est-ce que tu dis ?

— Je… Une ou deux fois, Aymeric a employé ce mot de manière étrange : le Dispositif.

Jacek se retourne, attrape un dossier sur la banquette arrière et farfouille dedans. Il brandit une feuille extirpée d'une sous-chemise maronnasse.

— Là, dans l'agenda de Jean-Pierre Thouvenin. « Le Dispositif. » Freddy avait noté ça avec un point d'interrogation en face. Jean-Pierre Thouvenin, accusé de s'être renié quand il est devenu Premier ministre, accusé d'avoir plié face au MEDEF et à la finance. Il l'a regretté dans ses mémoires. Il est mort d'une intoxication alimentaire alors qu'on venait de lui diagnostiquer

— Alzheimer ?

— Bingo ! Oh putain ! Si c'est ce à quoi je pense, c'est énorme !

— Le but de ta vie, poulet ?

Il se tourne vers elle. Ses yeux brillent. Il secoue la tête comme un gamin incrédule au pied du sapin de Noël.

— Tu m'étonnes ! Ah ouais, le but de ma vie, pour sûr !

Il met le contact, et à fond sur l'asphalte bosselé de la départementale serpentine.

— Mais je croyais que ton Monsieur Propre, là, il butait des pourris. Admettons que Thouvenin et Aymeric aient été des pourris : ils auraient été éliminés par une organisation dont ils connaissaient l'existence ? Avec laquelle on peut prendre rendez-vous et le noter dans son agenda ? Ils se suicident, en fait ? Je ne pige pas.

Jacek lâche le volant pour attraper ses cigarettes dans son blouson. Il conduit avec le genou droit. Marguerite n'est pas rassurée. Il ouvre sa vitre et souffle la fumée vers l'extérieur.

—Non, et ce serait ça le coup de génie : ils faisaient partie du Dispositif! Ils n'ont pas été éliminés parce qu'ils étaient corrompus mais parce que leur Alzheimer mettait le Dispositif en danger. DDM connaissait la règle du jeu, d'où ses angoisses quand il était lucide sur son état.

—Attends, lance Marguerite en levant la main.

Elle ferme les yeux et plisse le front.

—Si je te suis, ça signifie que Monsieur Propre, c'était Aymeric ?

—Sans doute, oui, avec quelques autres. On va bientôt le savoir.

Jacek se délaye dans ses pensées, la conduite nerveuse, attentif d'instinct au fond sonore du régime moteur. Marguerite pense à Aymeric. Qu'elle ne verra plus. Plus jamais. C'est abstrait, alors elle se concentre sur les mains du vieil homme, sur le nasillement grêle de son rire, sur les compliments qu'il lui offrait souvent. Vraiment, elle ne le verra plus ? Si elle n'avait pas poireauté à l'accueil des Éditions Paulin ce jour-là, elle ne l'aurait pas croisé, il n'aurait pas vu la ressemblance avec sa mère. À quoi ça tient ?

—Tu ne m'as pas dit où on allait, poulet.

—Chez le fameux Nino.

—Quoi ? Tu as trouvé son adresse ?

—Heu... C'est Jonas qui l'a retrouvée.

—Jonas ?

Jacek lui explique comment il l'a emmené Quai des Orfèvres sous prétexte de l'interroger. Elle apprend du même coup que l'ex-futur père de ses enfants se servait sur son compte en banque à elle pour payer des prestations sur des sites pornos. La nouvelle passe au second plan, mais elle espère que Jacek l'a bien fait flipper.

—Fais-moi confiance, ricane-t-il.

Pour retrouver Nino, il a demandé à Jonas de s'introduire dans les dossiers protégés qui recensent les changements d'identité. Le *geek* a mis trois heures. Pas terrible comme performance. Ensuite, Jacek est remonté jusqu'au milieu des années 1980. Ils roulent donc vers Vicq-sur-Gartempe, charmant petit village de la Vienne où se cache le veuf de l'ex-ennemie publique n°1. Ils traversent la Sologne. Marguerite pensait que c'était dans le Sud-Ouest. À cause de la Dordogne, sans doute. Direction Romorantin-Lanthenay. Comment s'appellent les habitants de ce village ?

— Tu crois qu'ils nous poursuivent ?

— Je ne pense pas que ce soit une organisation tentaculaire pleine de ramifications, on n'est pas dans un *James Bond,* et ils doivent avoir d'autres préoccupations, cet après-midi.

— Je ne comprends pas le rapport entre Nino et Nina et cette histoire.

— Moi non plus, je t'avoue. Mais c'est la seule piste dont nous disposons.

— Tu veux que je conduise un peu ?

Jacek a l'air surpris, puis éclate de rire.

— Quoi, sale macho ? Les femmes savent conduire, je te rappelle !

— Non mais c'est… ça faisait très couple sur la route des vacances, ta question.

Elle rigole à son tour, d'abord timide, par petits *humpf! humpf!* bouche fermée, puis de plus en plus fort. Et l'un l'autre s'entraînent dans un fou rire gargantuesque.

À la sortie de Tournon-Saint-Martin, Marguerite frappe dans ses mains.

— Je crois que je sais !

Jacek sursaute.

— T'es pas obligée de me faire flipper !

— Et ton sang-froid, poulet ?

Elle a pensé à Roger Martin du Gard en voyant le premier panneau indiquant le village, puis a joué à énumérer dans sa tête des noms d'auteurs avec Martin. Elle n'en a pas trouvé tant que cela, étonnant si l'on considère que c'est l'un des patronymes les plus répandus de France. En plus, elle a pensé à des étrangers, Martin Luther et George RR Martin, puis seulement après aux Martin Page, Suter et Winckler, mais c'est leur prénom. Jacques Martin la parasitait. Elle voyait le présentateur bedonnant, entendait sa voix pateline, et plus elle cherchait des Martin romanciers, plus étaient précises les images de Jacques Martin qui s'approchait des petits enfants, sûrement un pédophile comme Jonas, alors elle a abandonné ce jeu idiot. Et soudain l'idée l'a frappée — avec la voix de Jacques Martin, ce qui lui a fait un peu bizarre.

— Un manuscrit. Nina a sûrement laissé un manuscrit. Aymeric m'a dit une fois : « Tout est dans le livre. » Je suis sûre que tout part d'un manuscrit. Un roman non publié.

— T'as une sacrée imagination, en tout cas ! C'est toi qui devrais écrire.

— Je suis trop nulle.

— Essaie de me dire un truc positif sur toi. Un truc que tu fais bien, une qualité.

Marguerite lui donne une petite tape sur le biceps.

— Depuis quand t'es psy, toi ?

— Depuis que t'es romancière.

— Non mais sérieusement, tu en penses quoi de ma théorie ?

— Pas impossible…

— Laisse-moi faire quand on arrive. OK, poulet ?

Jacek se marre.

— OK, poulette.

Pourrait-elle habiter à Vicq-sur-Gartempe ? Croiser toujours les mêmes gens, emprunter toujours les mêmes rues, aller toujours chez les mêmes commerçants, lui répondrait Caro. C'est déjà le cas, à Paris. Sans le calme, l'air pur, la rivière baignable.

— Sans les musées, les concerts, les fêtes !

— Fanny, arrête ! T'as été combien de fois au musée, cette année ? Zéro. Et t'as dû voir un seul concert.

— J'ai fait l'expo Dali !

— Tu peux la visiter quand tu habites à Vicq-sur-Gartempe. Il suffit de prendre le TGV à Châtellerault.

— T'es sérieuse, Maggy ? Tu veux vraiment habiter là-bas ?

Oui, bon, n'exagérons rien. Mais c'est mignon comme tout, ce petit village. Elle se tourne vers Jacek :

— Quel est son nouveau nom, à Nino ?

— Jacques Martin.

Marguerite rit à en avoir mal aux maxillaires.

— Oui, c'est naze d'avoir le choix et d'opter pour Jacques Martin, ricane Jacek. Il a dû vouloir se fondre dans l'annuaire.

Il gare la voiture devant un muret orné d'une petite grille en fer forgé, derrière lequel hausse du pignon une ravissante maison en pierre avec un toit de tuiles plates et du chèvrefeuille. Marguerite tire la chaînette d'une clochette, puis pousse la grille, qui couine. Jacek la suit. Sur le côté de la maison s'allongent des dépendances aux façades fleuries et feuillues ; les menuiseries sont récentes, en bois, peintes en rouge sang-de-bœuf. Une grande double porte pleine aux faux airs de portail, un chien-assis, des fenêtres à petits carreaux. Au moment où Marguerite pose le pied sur la première marche de l'escalier menant au perron de la maison, la porte d'entrée s'ouvre. Sur un homme d'une cinquantaine d'années au visage grave, rasé de près, aux cheveux ras et gris. Son T-shirt informe, élimé, maculé de taches de peinture porte l'inscription usée Marie et les Garçons et jure avec la mine austère de

— Monsieur Martin ?

— Oui.

— Bonjour. Je suis Marguerite Santa Lucia et voici Jacek… Jacek comment, d'ailleurs, tu ne me l'as pas dit ?

— Krychowiak.

— En quoi puis-je vous être utile ?

— Nous voudrions lire le manuscrit.

Ah ouais, bille en tête, la petite. Jacek s'attend à tout sauf à :

— Entrez.

Marguerite aussi est surprise. « Quel manuscrit ? », « Je ne comprends pas de quoi vous parlez », voilà ce que Nino aurait dû répondre. Elle se tourne vers Jacek et lui demande du regard s'il y a un piège.

— Je suis seul, si c'est ce qui vous inquiète, ajoute Nino.
— Vous n'avez pas l'air surpris de nous voir, dit Jacek, suspicieux.
— Plus grand-chose ne me surprend.
— Ah oui, j'imagine, intervient Marguerite. Jacek m'a raconté votre histoire ; enfin... celle de votre femme : c'est inouï !
— Comme vous dites.
— Vous n'avez jamais pensé à écrire un livre ?
— Qui vous dit que je ne l'ai pas fait ? réplique Nino en les introduisant dans un salon *cosy.* Désirez-vous boire quelque chose ?
— Ah je ne suis pas contre une bière, si vous avez, répond Jacek.
Jacques « Nino » Martin hoche la tête et se tourne vers Marguerite.
— La même chose.
Dès que leur hôte est sorti, Jacek félicite Marguerite à voix basse pour le coup du manuscrit. Elle lui demande s'ils sont en danger.
— Pas encore. Et si tout se passe à mon idée, nous ne le serons jamais.
Nino revient avec trois bouteilles de bière et trois verres sur un plateau. Jacek ne lui laisse pas le temps de les décapsuler, il le fait avec son briquet. Marguerite trouve ça viril en diable. Il boit au goulot. Elle explique alors à Nino comment elle a su, ou du moins deviné à partir de ses échanges avec Aymeric qu'existait un manuscrit.
C'est le point de départ.
Nino ne retrouva le manuscrit du troisième roman de sa femme que plusieurs mois après la mort de celle-ci, lors d'un déménagement. Dissimulé dans ses propres affaires, un de ses dossiers professionnels — il était devenu juriste

dans une entreprise dijonnaise après ses études de droit. Les policiers qui avaient fouillé et refouillé leur appartement n'avaient pas mis la main dessus ; à leur décharge, ce n'était pas exactement ce qu'ils cherchaient chez celle qui était devenue une poseuse de bombes. Nino allait si mal à l'époque qu'il ne le lut pas. Il avait entrepris de passer le concours d'avocat avec l'idée de défendre Bruno Détien, le vieux complice de sa femme. Mais celui-ci se suicida avant qu'il prête serment. Alors il quitta Dijon et changea de nom. Pas pour se désolidariser de sa femme, non, oh que non, mais pour ne plus porter le même patronyme que son salaud de père. L'administration ne fit aucune difficulté.

Sous sa nouvelle identité, Jacques Martin s'inscrivit au barreau de Nantes. Il défendait les petites gens, les plus faibles, les marginaux, des causes qui lui semblaient justes. Jamais il ne réussit à entretenir une relation sentimentale plus de quelques mois. Jamais ne l'effleura l'idée d'avoir un enfant. Avec le temps, il se faisait à l'évidence qu'il était double, à la fois sa femme et lui. Il vit les deux romans de Nina disparaître des librairies, des catalogues, des palmarès. Songez qu'elle n'est plus dans aucune bibliothèque! Cet effacement, c'était la croisade de son père, qui n'a jamais accepté l'opprobre jetée par sa belle-fille sur leur nom. Il réussit à la dissoudre, à l'anéantir, ce qui fut encore plus insupportable à Nino que quand sa femme reconnue coupable avait été vilipendée par ceux-là mêmes qui l'encensaient auparavant — au moins, leurs calomnies prouvaient qu'elle avait existé. Mieux vaut être renié que nié. Alors Nino décida de redonner vie à son grand et seul amour. En la dessinant. En la peignant. Il commença à prendre des cours.

« Et le manuscrit? », songe Marguerite, sans toutefois oser interrompre leur hôte. À côté d'elle, Jacek dissimule de plus en plus mal son impatience. Si Nino ne l'avait pas autorisé à fumer, sans doute aurait-il déjà craqué. Sa bière est vide depuis longtemps. Marguerite comprend cependant que cet homme ait besoin de s'épancher. Il n'a jamais pu se raconter. Sa femme a disparu, dans tous les sens du terme, il a rompu avec sa famille, pour tous ceux qu'il croise et côtoie, il est Jacques Martin, auquel il a dû inventer un passé.

— Oh, c'est à peu près le même que le vrai. Je change seulement les noms et les villes.

Un jour, à la fin des années 1980, lors d'un congrès d'avocats à Nantes, Nino sympathisa avec Quentin Berthier, l'ancien Garde des Sceaux. Au bar du palace où il était descendu, Berthier laissa libre cours à son ressentiment. Il était amer, aigri, le Parti socialiste trahissait les idéaux de gauche selon lui. Bien qu'encore jeune, il était considéré comme un has-been par la nouvelle garde, les Fabius et consorts. Il était de plus horrifié par l'irruption de Bernard Tapie en politique, dévasté par la mort de Lannoy, un meurtre déguisé en suicide selon lui, ordonné par des membres de sa propre famille politique pour protéger de louches secrets sur le financement du PS. Si l'action politique est vaine, non par essence mais à cause des hommes qui la conduisent, comment agir ? se torturait Berthier. Cette question traversait le roman inachevé de Nina. Nino, qui habitait à deux pas, alla le chercher. « Lisez-le et laissez-le à la réception demain matin. » Ce que fit Berthier.

Quelques mois plus tard, Michel Desclin était abattu à son domicile. Il détournait des fonds publics pour financer des campagnes électorales. Nino se douta de quelque chose, mais n'acquit la certitude que Berthier avait mis sur pied le Dispositif imaginé par sa femme qu'à la troisième victime. À chaque fois qu'il devinait la main du Dispositif derrière un meurtre, et bien qu'il réprouvât toute forme de violence, il avait le sentiment dulcifiant de poursuivre par procuration le combat idéaliste de Nina.

— Mais qu'est-ce qu'il raconte, ce manuscrit ! lâche Jacek avec brusquerie.

— Ah oui, bien sûr, excusez-moi. Je vais le chercher.

C'est compliqué car un assassinat dans les arcanes du pouvoir, ça déflagre. L'enquête est plus diligente, les limiers plus sourcilleux, des officines sans existence légale entrent dans la danse. Donc pas plus d'une exécution par an. Nous ne voulons pas de revendications, pas de nom, pas de réunions secrètes et surtout pas d'acronymes débiles. Seulement des actes. À chacun ensuite de les interpréter.

Une ou deux feuilles de chou à tirage confidentiel, pas du ronéotypé mais presque, ont émis l'hypothèse que les meurtres étaient reliés, après le quatrième ou le cinquième ; comme elles les attribuaient à un groupuscule d'extrême droite, elles sont vite passées pour complotistes. Les journalistes institutionnels cherchaient, et cherchent encore à chaque nouvelle exécution, du côté des secrets d'État : telle victime avait lutté contre les nationalistes corses, telle autre, ancien « Monsieur Afrique » du président, avait dû s'attirer des inimitiés. L'hypothèse d'un justicier s'est par contre vite murmurée, entre soi et loin des oreilles médiatiques, dans les couloirs du Palais Bourbon ou à la buvette du Palais du Luxembourg. « Nul ne peut se substituer à la justice », serinaient inquiètes les bouches unanimes des dirigeants politiques. C'est formidable, ces hommes de pouvoir qui tous la conchient, la justice, la maltraitent, et soudain s'abritent sous son ombre protectrice. Le bâtonnier de Paris le dit d'ailleurs dans une interview : « Si vous voulez que seuls les juges rendent justice, faites en sorte qu'elle soit plus rapide, plus efficace et encore plus indépendante. » Quelques finauds ont remarqué que le meurtrier était à chaque fois extrêmement bien renseigné sur l'emploi du temps de ses victimes, leur sécurité, leurs déplacements. Bien souvent, elles sortaient de chez l'un d'entre nous, ou d'une réunion avec l'un des nôtres, voilà pourquoi le tueur avait pu si bien préparer son coup. Et qui irait imaginer qu'un ancien Premier ministre est complice ? Nous n'avons pas besoin de dizaines d'affidés, d'espions, de sicaires, simplement de placer notre bras armé dans les meilleures conditions possibles.

Notre nombre n'est pas fixe. Il fluctue en fonction des recrues, que nous ne voulons pas trop nombreuses : les multiplier accroît les risques de fuites. Faire rentrer un nouveau conjuré dans notre cercle prend du temps ; celui dont il a besoin pour comprendre tout seul, en fait, et en vienne à proposer de lui-même un nom à ses rabatteurs, c'est-à-dire les deux ou trois d'entre nous chargés de l'évaluer et de le travailler. Oui, le travailler, comme en corrida on travaille le taureau. Car si les grands personnages de l'État font volontiers les fiers-à-bras dans leurs costumes à rosette, ils ont presque tous une faille dans la conscience ; la tâche des rabatteurs consiste à y enfoncer le coin de la culpabilité. Personne n'imagine combien d'anciens ministres, ou secrétaires d'État, combien d'anciens députés, préfets ou diplomates portent en secret le fardeau d'avoir agi un jour contre leurs valeurs, leurs croyances, leur morale. Ce poids peut générer de la rancœur, de la colère, des remords. À nous de déceler ceux qui, à la tombée de leur vie, alors qu'ils n'ont plus rien à perdre, ressentent le besoin vital de se racheter. Ce sont eux, c'est nous qui formons le

— Dispositif, murmure Jacek, mêlant sa voix à celle de Marguerite, qui s'interrompt. Quelle idée formidable ! Tous ces vieux barbons comme DDM sont insoupçonnables, et qui mieux qu'eux connaît les recoins sombres du pouvoir ?

La mimique de Nino signifie « exactement ! » Il a rapporté des bières et verse des noix de cajou dans une coupelle. Marguerite reprend sa lecture, silencieuse cette fois.

Il paraît que D. voit quelqu'un pour écrire un livre. Gênant. Et dangereux. D. commence à pédaler dans la semoule. Dieu sait ce qu'il peut raconter dans ses moments d'illucidité, et pour faire le mariolle devant une femme. Il suffirait d'un interlocuteur qui ne croie pas qu'il déraille pour nous perdre tous — cette fille ? Certes, nous sommes déjà perdus, branlottants fétus en bord du précipice. Si nous voulons que le Dispositif nous survive, nous allons devoir éliminer… Bon sang, D. est un vieux compagnon ! Du fieffé salopard qu'il a été, de l'arriviste impitoyable ne subsiste plus que, de loin en loin, une saillie drolatique et acerbe. D'entre nous, c'est presque le plus gentil avec ses petits et arrière-petits enfants (on pourrait dire qu'il est gâteux avec eux s'il ne l'était avec tout le monde désormais). D., un homme qui, alors qu'il était à l'Intérieur, a eu les tripes de rendre visite, dans un quartier d'immigrés hostiles, à la famille d'un gamin tué dans d'opaques circonstances par une patrouille de police. La nouvelle s'était répandue dans la cité et lorsqu'il est sorti de l'H.L.M., des centaines de personnes l'invectivaient, le prenaient à partie. Il ne s'est pas démonté : il a grimpé sur le toit de sa voiture de fonction et a retourné la foule. D., un homme qui, président de la République, s'éclipsait d'une réunion de crise à Bamako pour aller trousser une interprète qu'il avait repérée dès son arrivée ; un homme qui a fait le coup de poing contre les Jeunesses communistes ; un homme qui aujourd'hui se bave dessus et se croit soudain au Brésil quand nous discutons d'une cible dans le salon de l'aile Montpensier. Son secrétaire particulier est fiable, mais *quid* des infirmières, des aides-soignantes, des visiteurs qu'il reçoit encore, comme cette petite rousse — une journaliste ?

Pour la première fois, nous sommes confrontés à un ennemi intérieur : l'un des nôtres nous met en danger, et malgré lui. Le gâtisme, inconvénient majeur d'une conjuration de vieillards.

D. a inventé le concept d'« adieu kamikaze » : puisque la mort est proche, autant emmener quelques gredins avec moi. Nous allons le lui offrir.

Marguerite pose le manuscrit. Elle ferme les yeux et appuie le plus fort possible ses paupières l'une contre l'autre. Aymeric est près d'elle, vieux lubrique, vieux fou kamikaze. Il va lui manquer, ses grandes oreilles molles et attentives vont lui manquer, il sera écrit qu'elle n'aura pas de père.

— Le Pen au second tour, la montée de Sarkozy, la droitisation du PS : elle avait tout prévu ! Il y a trente ans ! s'exclame Marguerite.

— Oui, ma femme était assez clairvoyante, je dois dire, déclare Jacques « Nino » Martin avec un petit sourire nostalgique et fiérot.

— Vous avez dit que vous la peigniez. Je... J'aimerais bien voir un de vos tableaux, si c'est possible.

Jacek s'est à son tour immergé dans le manuscrit, qu'il parcourt en diagonale, fébrile, tout en prenant des notes dans son carnet pelé. Il est passé au whisky et fume clope sur clope.

Nino se lève et fait signe à Marguerite de le suivre. Ils sortent. Dehors, des odeurs de frais et de nature, de fleurs, elle ne parvient pas à les identifier. Des insectes constellent l'alentour comme de petits aéroplanes en meeting aérien. Ce calme la conforte dans sa décision, celle qu'elle a prise en refermant le court manuscrit. Inachevé hélas. Nino ouvre les deux battants de la grande porte rouge d'une des dépendances. C'est une grange aménagée en atelier, au sol de pavés inégaux et à la charpente apparente. Aux murs, sur des chevalets, pendu au plafond, le même visage, en gros plan, de trois-quarts, à l'encre de chine. Époustouflant de douceur et de beauté. Expressif. Réel. Vivant. Répété au moins cinquante fois. D'un portrait à l'autre, d'infimes variations.

—Mon Dieu ! lâche Marguerite, estomaquée.

—C'est ma série en cours. J'essaie de capturer ce moment où, de retour de Paris, harassée le plus souvent, en colère après la Terre entière, elle commençait à regagner notre intimité. Pendant l'apéritif, en général, au moment où je lui annonçais ce que j'avais cuisiné pour elle.

Marguerite a les sinus qui piquent, elle cille, son visage se crispe. Des pleurs durs, secs lui font crisser les yeux.

—Ne soyez pas triste.

Elle ne peut répondre, gorge ligaturée. Elle avance dans la grange. Nina est partout, bienveillante.

—À côté, ce sont plutôt des peintures. Je... faites comme...

Marguerite se tourne vers lui et hoche la tête.

—Merci, parvient-elle à dire en déglutissant.

—Vous êtes la première personne qui voit ça. Je... je me rends compte que c'est... enfin... Vous devez me prendre pour un zinzin !

Elle sourit. Doit-elle lui avouer que plus personne ne dit zinzin ?

—Vous avez combien de séries de ce genre ?

—Je crois qu'il vaut mieux que je ne vous le dise pas.

Quand Marguerite regagne le salon, elle connaît Nina mieux qu'elle ne connaît quiconque, mieux qu'elle-même. Elle l'a vue marcher dans la rue, de loin, elle l'a vue dédicacer des livres, elle l'a vue nue et alanguie, elle l'a vue jouir, elle a vu toutes les images qu'un homme garde de la femme qu'il a aimée. Elles ont une autre gueule que des selfies de jeunes filles nues piquées sur Internet, crois-moi Jonas.

— Jacek, je n'ai plus rien à faire ici, moi. Je ne sais pas quels sont tes projets, mais

— Ils vont venir ici. Je les attends.

— Je voudrais partir.

— Pour aller où ?

— Qu'est-ce que ça peut faire ? Cette histoire ne me concerne plus.

— Tu es venue dans ma voiture, je te rappelle.

— Prenez la mienne, propose Nino.

— La vôtre ?

— Oui. Je ne m'en sers jamais. Ici, je me déplace à vélo. Vous me la ramènerez. Un jour.

— Alors, je veux bien. Merci.

— Marguerite, c'est peut-être dangereux. Je ne sais pas comment ils vont réagir.

— T'es la police, non ? Je te fais confiance.

— Quoi ? Vous êtes flic ? panique Nino.

— Du calme, mon vieux, dit Jacek en se levant. Je vais vous expliquer. Donnez vos clés à la petite.

Ils suivent Nino dans le couloir. Celui-ci décroche une clé suspendue dans le vestibule.

— C'est la Citroën bleue garée un peu plus loin dans la rue.

— Merci, Ni… Jacques.

— Prenez soin de vous, Marguerite.

— Salut poulet, lança-t-elle à Jacek. Sois prudent.

— T'inquiète, poulette.

Si Marguerite avait su que c'était aussi pénible d'être enceinte, sans doute aurait-elle moins fantasmé. D'accord elle a de gros seins désormais, d'accord elle n'a plus ses règles —qui ont toujours été douloureuses—, mais voilà qu'elle a des nausées en permanence, envie de pisser mille fois par jour, sans compter qu'elle est tout le temps crevée. Alors que son ventre s'est à peine arrondi. Ce sont ces signes qui l'ont alertée. Quand sous ses doigts pleins d'urine le truc a viré bleu, elle a seulement lâché : « Eh voilà, ma fille ! » Vu qu'elle a acheté le test dans la seule pharmacie de Jaligny-sur-Besbre et que le bled compte 600 habitants, tout le monde va vite savoir que la petite Santa Lucia est en cloque. Fille-mère. À l'échographie, la praticienne a voulu lui donner la date de la conception. Marguerite a refusé. Son enfant a trois pères possibles. Donc trois pères. Un *geek* obsédé sexuel, un flic à moitié facho et un ancien président de la République. L'idée lui plaît. L'ovocyte a paraît-il des mécanismes de défense qui empêchent la polyspermie, mais qui sait ? D'autant qu'un spermatozoïde reste fécondant jusqu'à 72 heures. Les trois auraient pu se liguer pour franchir la *corona radiata.* Celui de Jonas aurait fabriqué un cheval de Troie pendant que celui d'Aymeric se serait lancé dans un grand discours pour endormir la méfiance des gardiens de la zone pellucide. Celui de Jacek aurait ensuite sorti son flingue pour créer une brèche dans laquelle les trois compères se seraient engouffrés avant d'entamer, une fois à l'intérieur de l'ovocyte, débarrassés de leurs milochondries, la danse de la méiose.

À son arrivée, elle a habité chez ses grands-parents. Ils l'ont accueillie avec un naturel émouvant. Denise trouve qu'elle est le portrait adouci de son père. Renato ne parle pas beaucoup. Elle a vendu l'appartement des Batignolles. Un peu en-dessous du prix du marché, mais à un acheteur qui avait les fonds, pas de conditions suspensives. Elle va s'acheter une petite maison au pied du château, le compromis est signé, elle y loge déjà et paie un loyer à la propriétaire, une amie de ses grands-parents. C'est pratique, la province. La maison est trois fois plus grande que son ancien appartement et lui a coûté cinq fois moins cher. Ses grands-parents lui ont dit de ne pas l'acheter, qu'ils allaient lui léguer la leur. Elle a répondu qu'elle se refusait à ce genre de spéculation.

— Vous avez intérêt à vivre centenaires !

— On vit vieux, chez les Esnault, a répondu Denise.

— Chez les Santa Lucia aussi, a ajouté Renato.

Un silence a suivi sa phrase. Tout le monde pensait à Hector autour de la table. Leur fils. Son père.

Elle a de quoi voir venir, d'autant qu'elle a reçu un chèque d'Aymeric. Il lui a également légué son bar, lui a fait savoir Hans, celui que Mitterrand voulait acheter, ainsi qu'une grande partie de sa bibliothèque. Comme elle porte peut-être son enfant, elle n'a pas refusé. La Hyène l'a engluée d'appels les premiers temps, à tel point que Marguerite a été obligée de bloquer son numéro et celui des Éditions Paulin.

Il n'y a que des vieux, ici — des personnes âgées, pardon. Elle a envisagé un moment d'ouvrir une boutique mais il faudrait faire des études de marché. Elle n'en a aucune envie. Mais alors aucune. Rien que l'expression l'épuise. Elle aimerait bien pourtant une librairie — elle a recommencé à lire, avec *Passion Princesse.* Elle le mettrait en évidence près de la caisse, même si c'est assez mauvais. Elle doit bien ça à Daddy Aymeric. Mais bon, elle a regardé sur Internet : une librairie, c'est souvent peu rentable et toujours très fatigant. Quand elle sera lasse de paresser entre deux vapeurs d'un délectable ennui, elle avisera.

Il faudrait qu'elle aille rendre sa voiture à Nino. Ils se sont un peu parlé au téléphone — Jacques Martin à Vicq-sur-Gartempe était dans l'annuaire. Il dit qu'elle peut la garder, il n'en a pas besoin. Elle ne voit pas de quel droit elle accepterait, même si elle a la grosse flemme de se cogner les quatre heures de route jusqu'à là-bas, sans compter que le retour sera croquignolet vu comme la France rurale est bien desservie par les transports en commun. Elle a songé à acheter une voiture du côté de chez Nino pour repartir avec ; puis qu'elle pourrait lui acheter sa Citroën bleue, ainsi elle n'aurait pas à bouger. Mais elle a un peu envie de le revoir. Elle va peut-être attendre que l'accouchement soit passé parce qu'elle n'arrête pas de péter. Encore un truc qu'elle n'avait pas anticipé. Elle est allée voir sur le Web : c'est normal. Va expliquer ça à un mec qui a été marié à une romancière canonissime si tu viens de flatuler dans son salon ! En plus, ses pets puent vraiment le rat crevé. Jonas n'aurait jamais supporté ça.

Ce con a lui aussi envoyé un chèque. Il s'est senti obligé parce que Jacek a découvert qu'il lui avait piqué du fric pendant des mois. « Pauvre naze, t'as vraiment rien compris », a-t-elle murmuré lorsqu'elle a découvert le contenu de l'enveloppe. Puis elle a rempli le bordereau pour déposer le chèque à la banque.*

Elle est bien, ici. Les gens sont gentils. Tout le monde a connu son père quand il était petit, il paraît qu'elle a ses yeux. Ses grands-parents sont très âgés, quatre-vingt-six ans tous les deux, mais ils ont vraiment la frite. Encore une expression surannée de Nino, ça, « la frite ». Comme « zinzin ». « Depuis que vous êtes arrivée, Denise et Renato ont retrouvé une seconde jeunesse », lui a dit Claire, la médecin de Jaligny, qui les suit aussi. Ils ont envie de connaître leur petit-enfant. Elle leur a demandé l'autorisation de l'appeler Hector si c'est un garçon. Comme leur fils. Son père. Elle a bien cru que Renato allait se mettre à chialer. Il est sorti s'occuper du potager après avoir bougonné : « C'est un joli prénom. » Il est comme ça, son papy, bougon et facétieux à la fois. Il lit *Le Canard Enchaîné* et ricane tout seul devant son café, le mercredi matin. Il a presque le même âge que le si-ça-se-trouve père de son arrière-petit-fils (on peut utiliser « putatif » dans ce cas-là ?). Elle pourrait en faire un statut Facebook, mais même avec « putatif » elle doute de recueillir beaucoup de *like*. De toute façon, elle ne se connecte presque plus. Ça capte mal ici. Elle arrange la maison et le jardin avant de devenir une grosse vache. Il y en a plein, ici, des vaches. Ils en sont vachement fiers, de leurs bourbonnaises. Du coup, la viande est délicieuse, un peu comme s'ils étaient en Argentine (sans les footballeurs : ils font tous du vélo ici le week-end). Renato lui apprend le potager. Avec Fanny,

* Jonas a vendu son jeu vidéo à un gros éditeur pour une somme colossale. Il a aussitôt loué une villa avec piscine sur la Côte d'Azur et les services de trois *escort girls* pour une semaine. Il leur a acheté des maillots, de la lingerie, des *shorty* de sport moulants, avec comme projet qu'elles se baladent toute la journée devant lui dans des tenues affolantes. Il a plu cinq jours d'affilée, une des filles a été victime d'une gastro-entérite, ils ont beaucoup regardé la télé.

Sidonie et Caro, elles convenaient en se resservant du risotto aux morilles (la spécialité de Fanny) que l'avantage de la campagne, c'est les légumes frais. Cela leur semblait simple d'en faire pousser : tu plantes les graines, tu arroses et tu récoltes. Marguerite sait désormais que le processus est un peu plus complexe, plein de nuances, de subtilités et de courbatures. Mais devant les tomates jaunes biscornues de son grand-père, les courgettes oblongues, les joyeuses salades, elle voit à l'œuvre une magie qui la bouleverse.

Tous les ans, à Jaligny-sur-Besbre, ils organisent une sorte de mini salon du livre dans la salle des fêtes toute moche. À cette occasion, ils remettent le Prix René-Fallet — l'auteur taquinait goujons et goulots dans les parages. Elle fait partie de l'association désormais. Les autres membres trouvent que c'est extra un peu de sang neuf. Jacqueline, la présidente, ressemble à une actrice des Années folles. Agathe, la veuve de René Fallet, lui a dit qu'Hector Santa Lucia était dans les années 1970 le plus beau garçon du village. Elle lui a montré quelques photos. Quand Marguerite prononce « Agathe », elle a tout le temps envie de rajouter « *the blues* ». Alors qu'elle déteste cette musique. Si elle a une fille, elle n'optera pas pour ce prénom. Elle a demandé pourquoi il n'y avait que des filles qui gagnaient le Prix René-Fallet ; on lui a répondu que c'était sans doute parce qu'une majorité de femmes composait les comités de lecture. Logique.

Elle n'a eu aucune nouvelle de Jacek. Décevant. Elle suppose qu'il n'est pas mort, elle aurait vu passer la nouvelle, au moins dans *Le Canard Enchaîné* de papy. Billie ne le voit plus. Elle fréquente un présentateur télé. Redford est mort. Billie soupçonne des crevettes avariées. Elle a changé de poissonnier.

— Tu connais *T'aimer plus fort que la mort ?*

— La chanson débile ? répond Marguerite.

— Oui.

— Bien sûr que je connais ce truc ringard. Comme tout le monde. *Ton corps embrase mon corps / Et ça veut dire : Encore !*

— Voilà. Tu voulais savoir comment je gagnais ma vie, tu as ta réponse.

— Tu embrases des corps ? Oui, je savais, maman.

— J'ai écrit les paroles. Une nuit, après une fiesta mahousse avec Francis Cabrel. Il a composé la musique. On a pris des pseudos. Depuis, je touche des droits d'auteur. C'est le pompon, non ?

Quand Marguerite éclate de rire après quelques secondes de silencieuse stupéfaction, sa mère l'imite.

Ce ne sera pas pour tout de suite, Berthier a été clair. La mort d'Harold Fitzman, le suicide terroriste de DDM, tout cela est encore trop frais. Quel coup de génie, ce Dispositif ! Jacek a cru que l'Ex était la cible quand il était un des cerveaux. Jamais Freddy n'aurait imaginé un truc pareil. Il doit bien se marrer, là-haut. Oh, merde ! Il a failli rater l'embranchement vers Dompierre-sur-Besbre, qu'il enfile d'un grand coup de volant. Y'a que des champs, ici.

Berthier était venu en personne chez Nino, qui s'était retiré dans son atelier pour les laisser seuls. Seuls, si on veut : Jacek se doutait que le tueur à gages du Dispositif n'était pas bien loin. L'ancien Garde des Sceaux n'avait pas tourné autour du pot :

— Vous avez bien conscience que personne ne vous croira, monsieur le commissaire divisionnaire. Une poignée de grabataires qui fait assassiner des crapules, pensez donc ! Jamais vous ne parviendrez à boucler un tel dossier. Que fait-on, maintenant ?

— Qui vous dit que je veux mener une enquête ?

— Sinon quoi ? Venger ce malheureux Freddy Galoso ?

— J'aimais beaucoup Freddy. Était-il indispensable de le faire disparaître ?

— Je n'en suis pas certain. Nous nous sommes peut-être un peu précipités, et cela nous a beaucoup coûté, éthiquement. Nous n'étions pas tous d'accord sur la solution à mettre en œuvre. Mais Galoso était du genre teigneux. Vous aussi ?

Jacek s'est levé et a pris son dossier Monsieur Propre.

— L'enquête de Freddy et la mienne. Tout ce que nous avons amassé comme éléments sur le Dispositif.

Il a jeté une par une les chemises et sous-chemises dans le feu de cheminée que Nino avait allumé en fin d'après-midi.

— J'imagine que je peux considérer ce geste comme une preuve de bonne volonté, a concédé Berthier.

— Je veux travailler pour vous.

L'ancien ministre a haussé un sourcil broussailleux.

— Voilà qui renverse les perspectives.

— Je n'ai jamais voulu vous démasquer, mais vous trouver pour me joindre à vous.

— Vous avez des remords, commissaire ?

— Du dégoût.

— Je ne sais si c'est suffisant, comme motivation...

— C'est quoi, celle de votre nettoyeur ? Ou de *vos* nettoyeurs, je ne sais pas.

Le panneau fait peur avec ses vaches et ses fleurs. « Bienvenue à Dompierre-sur-Besbre. »

— Je ne peux pas vous en dire trop. Sachez que nous voulons qu'au sommet et dans les coulisses de l'État règne une certaine... probité.

— Je comprends. Et j'adhère. Je vous ai traqués, en effet, mais afin de tuer pour vous.

— Si c'est vrai, cette persévérance est un bon début, j'en conviens. Mais comment savoir que vous êtes un garçon fiable, commissaire ? Comment m'assurer de votre dévouement ? Vous comprenez qu'on ne peut pas arriver chez nous, sonner à la porte et demander un poste dans l'exécutif. Vous en savez assez pour travailler pour nous et trop pour ne pas travailler pour nous. Nous sommes dans une situation étrange…

Jaligny-sur-Besbre, 5 km.

— J'ai le sentiment que vous avez sûrement quelque chose à me proposer.

— Disons que nous devons assurer nos arrières au cas où vous feriez une… crise de foi.

— Je peux vous signer un papier.

Berthier a éclaté de rire ;

— « Je soussigné Jacek Krychowiak reconnaît tuer des gens pour une organisation qui n'existe pas ? » Allons, un peu de sérieux !

— Dites-moi, alors. Tout ce que vous voulez.

— Tout ce que je veux ?

— Oui.

— Il faudrait nous débarrasser de quelqu'un qui en sait un peu trop.

Jacek n'a pas eu le temps d'angoisser que Berthier avait déjà enchaîné :

— Voilà les termes de votre contrat d'embauche : vous avez six mois pour éliminer Marguerite Santa Lucia.

La voiture de location grise franchit un petit pont et débouche dans Jaligny à faible allure. La route fait un gauche-droite. Jacek s'arrête au passage clouté, sur lequel est engagée une femme enceinte. Il ouvre la bouche, stupéfait. Sa clope tombe entre ses jambes, sur le siège.

— Oh, merde…

Remerciements

À la fin du mois d'octobre 2015, Quidam éditeur me proposa de publier *Marguerite...* Le 13 novembre 2015, je fus touché à bout portant par une balle de kalachnikov. Dans le fessier, je vous laisse apprécier l'ironie du sort (oui, le titre avait été choisi avant).

Durant les deux semaines que je passai à l'hôpital, corriger mon manuscrit me permit d'avoir la tête à autre chose que les soins, les douleurs, les insomnies, les piqûres, les angoisses, les transfusions. J'avais un objectif.

L'histoire de ce roman est donc indissociable de cet épisode de mon existence. Voilà pourquoi je tiens ici à remercier tous ceux, amis virtuels ou copains pour de vrai, connaissances de près ou de loin, qui m'ont entouré de leur affection dans ces moments délicats.

Voilà pourquoi je tiens à remercier le pompier qui, sans jamais me lâcher la main, m'a répété de tenir bon, de garder les yeux ouverts, que j'allais m'en tirer.

Voilà pourquoi je tiens à remercier ces héros qui travaillent en hôpital, en particulier, ceux du CHU Henri-Mondor de Créteil.

Myriam, Maïlis, Anne-Sophie, Habib, Bertrand, Isabelle, Brigitte, Jérôme et Justine du service imagerie médicale.

Delphine, Micheline, Christophe, Abdel, Laurence, Sonia, Sophie, Noémia, Whitney, Gilles, Babeth, Laurine, Cynthia, Magalie, Marie, Sophie, Karine, des services sréanimation (11e étage) et chirurgie digestive (4e étage).

Salma, Sylvie, Johann, Hélène et Valérie.

Francesco et Geneviève.

CHEZ LE MÊME ÉDITEUR

Philippe Annocque
Liquide
Monsieur Le Comte au pied de la lettre
Rien (qu'une affaire de regard)
Pas Liev

Bettina Balàka
Murmures de glace

John Berger
La Tenda rouge de Bologne

Nella Bielski
C'était l'an 42

Lionel Bourg
L'Engendrement
L'Horizon partagé

Kate Braverman
Lithium pour Médée
Bleu éperdument

Rolf Dieter Brinkmann
Rome, regards

Ron Butlin
Le Son de ma voix
Visites de nuit

Jonathan Coe
B.S. Johnson, histoire d'un éléphant fougueux

Marie Cosnay
À notre humanité

Denis Decourchelle
La Persistance du froid

Paul Desalmand
Le Pilon

Karsten Dümmel
Le Dossier Robert

Miguel Duplan
Un long silence de carnaval

Eva Figes
La Version de Nelly

Marie Frering
Désirée
L'Ombre des montagnes

Mihàlis Ganas
Quelques femmes

Undine Gruenter
La Cache du Minotaure
Le Jardin clos

John Herdman
Imelda

Paulus Hochgatterer
Brève histoire de pêche à la mouche
La Douceur de la vie

Victoria Horton
Grand Ménage
Attachements

Chrìstos Ikònomou
Ça va aller, tu vas voir

Reinhard Jirgl
Les Inachevés
Renégat, roman du temps nerveux

B.S. Johnson
R.A.S. Infirmière-Chef, une comédie gériatrique
Christie Malry règle ses comptes
Chalut
Albert Angelo
Les Malchanceux

Gabriel Josipovici
Moo Pak
Tout passe

Goldberg : Variations
Infini – l'histoire d'un moment

Jacques Josse
Cloués au port

Michel Karpinski
La Sortie au jour

Mènis Koumandaréas
La Femme du métro
Le Beau Capitaine

Besik Kharanaouli
Le Livre d'Amba Besarion

Alain Lacroix
Constellation

Jérôme Lafargue
L'Ami Butler
Dans les ombres sylvestres
L'Année de l'hippocampe
En territoire Auriaba

Michael Lentz
Mourir de mère

Christoph Meckel
Portrait-robot. Mon père / Portrait-robot. Ma mère

Annette Mingels
Romantiques

Stéphane Padovani
La Veilleuse
L'Autre Vie de Valérie Straub
Le bleu du ciel est déjà en eux

Robert Perchan
La Chorée de Perchan

Claudio Piersanti
Enrico Metz rentre chez lui

Monique Rivet
Le Cahier d'Alberto

Vedrana Rudan
Rage

Maïca Sanconie
Amor
De troublants détours
Le Bord du ciel

Ersi Sotiropoulos
Dompter la bête

Pierre Terzian
Crevasse

Bruno Testa
Dépression tropicale
L'Adoption

David M. Thomas
Un plat de sang andalou
Nos yeux maudits

Nils Trede
La Vie pétrifiée

Yannis Tsirbas
Victoria n'existe pas

Stéphane Vanderhaeghe
Charøgnards

Romain Verger
Zones sensibles
Grande Ourse
Forêts noires

Olivier Vigna
L'Appendice des jours

Marc Villemain
Le Pourceau, le Diable et la Putain

Catherine Ysmal
Irène, Nestor et la Vérité
À vous tous, je rends la couronne

Zyrànna Zatèli
Le Vent d'Anatolie

still rocking
Achevé d'imprimer par Pulsio en février 2016
pour le compte de Quidam éditeur 5, rue Mansart 92190 Meudon.